命《ぬち》どぅ宝《たから》のコミュニティーづくり

千の公民館に健康《ガンジュウ》長寿の花を咲かそう

比嘉佑典
宮里好一

琉球新報社

はじめに

昨年（二〇一五年）は、戦後七〇年の節目の年でした。七〇年にちなんでさまざまな行事が行われました。

やはりなんといっても、戦争の記憶を語り継ぎ未来に残す作業と「平和の尊さ」を訴える行事が主流を占めていました。

後期高齢者から、戦争についての「聞き取り調査」や、また自ら「戦争の語り部」として語り継ぎ、そのことをマスコミも精力的に報じていました。シニアである私もそのことを深く受け止め、平和の社会をつくる責務を感じています。「命《ぬち》どぅ宝《たから》」の民として、その使命を果たしていきたいと思っています。

伝統的な長寿の島を取り戻そう

こうした世情にあって、気にかかっていますことは、「日本一長寿県・沖縄」の失格です。

そのことは「沖縄ショック26位」として話題になりました。県も警鐘を鳴らして対応しましたが、その順位は三〇と惨めな結果になっています。辛うじて女性はトップでしたが、順位をあっさり他県に譲ってしまいました。至極残念でなりません。当事者として反省しきりです。

日本一長寿ということは世界一です。沖縄県は「世界一の長寿県」で、世界の最高位におりました。長寿オリンピックがあるとしたら、ゴールドメダリストです。生命の王者です。大変な誇りです。

私たちは、先人たちが築き上げてきた「長命の歴史」の持つ重要性を、今一度深く認識しなければなりません。それは単に健康学や栄養学や医学や保健等の問題だけではなく、沖縄の「命《ぬち》どぅ宝」という生命思想と長命思想の伝統が根底から崩れてしまう恐れがあるからです。長寿日本一は、沖縄県民の精神的支柱にもなっていました。長寿県から生産される食材は「長寿食」としてブランド化されていました。そのことにも影響しています。

国内で最低所得の沖縄県が、日本一長寿県であるということの意味は、歴史的に検討して見ることが必要です。生活は貧困であっても、先祖のトートーメー信仰に支えられ伝統的に長寿を保持してきたのは、一体何であったのでしょうか。

結論を申し上げれば、貧しい生活にあっても人々が仲良く、ゆいまーる共同体の中で平和に暮らしてきたからです。なにも日本一長寿になろうと、努力してきたのではありません。

いつの世にも平和で仲良く暮らしてきたからこそ、結果として長寿の沖縄になったのです。平和の思想は「命《ぬち》どぅ宝」です。命どぅ宝の思想こそは平和のシンボルです。平和で仲良く暮らす哲学です。そうした思想も含めて長命は「沖縄の長寿モデル」でした。

現代に生きるものとして、私たちは先祖に対して深くお詫びするとともに、ふたたび長寿沖縄の歴史の血脈を守り続ける責任があります。

そのために、県をあげて総力戦を展開していますが、その成果はあがりません。あれこれ施策を打ち出しても、変化の兆しはありません。時間がかかるかもしれません。

これまで長寿に対する健康問題は、個々人の問題として取り上げる傾向にありました。個人の体重、体温、脈拍、血圧、体脂肪、種々の健康チェックが基本になっていました。そのことは、その人の個人的努力と責任とされていました。また、この健康問題は医療や保健中心に行われる傾向にありました。

ゆいまーる集団の力で長寿回復を

私はそのことを重視しつつも、「社会学的な視点」から健康療法を考えるようになりました。そのきっかけは「平和で仲良く暮らせば健康になる」という先祖の健康観点です。共同体は、あらゆる問題をみんなの力で解決するという「集団相互扶助・集団治癒力」ではなかったかと考えますと、対象療法的な方法とは別に、健康社会学（健康集団力学）的観点から、健康問題をグループ・ダイナミックス（集団力学）療法として捉え、グループ・ダイナミックスによる健康増進を考えてみました。

そうした意味で本書の目的は、自分たちの力で、手づくりのガンジュウ集団を作り、集団で健康問題を解決していくその方法論を提案しました。

こうした観点に立脚しつつ、「平和で仲良く・楽しく暮らすこと」が健康問題の解決の近道だと考えたのであります。「みんなで楽しくエイサー踊って健康（ガンジュウ）になろう」というのが私の思いです。

ゆいまーるの精神でシニアの集団的自立を目指そう

他力本願から自力本願へ、根本は地生力・自立再生力です。他人頼みは、時代的に限界に来ています。

明治以来の国家官僚制機構は、国民の面倒は国がみるという体制です。百年かけて地方・地域の隅々まで、国家が地方行政を使って面倒を見る体制ができあがりました。上からの補助・援助、支援体制、介護・サービス・サポート体制が敷かれ、国（自治体）が地域住民の面倒を見てきました。なんでも「お膳立て」（支援・サービス）してきたのです。

その結果、地域の持つ自前の共同体（コミュニティー・公民館）の力、自治会の力が弱まり、個人レベルでは何でも行政に頼るという他人依存型の体質に変化してきました。そこで失われたのが、自ら立ち上がる「自力再生力」です。ある意味で国は百年かけて、国民の自立心・地生力・自己再生力の根性を腐らせたといえるでしょう。今では、特にシニアは、自ら立ち上がることができず、寝たきり老人同様に放置されています。

国家財政のピンチと地方財政の焦げ付きが、高齢者対策に対し手抜きを始めました。四人に一人の高齢者社会に、益々財政は追いつきません。医療費もしかりです。テレビで放映された「高齢者漂流時代」は、深刻さを通り越しています。これが現代の「おば捨て社会」なんだと自覚しざるを得ません。「おぼれる者わらをもつかむ」の「わら」などありません。

戦後七〇年の節目に、シニアに忍び寄る危機は深刻です。自力ではい上がるしかありません。自分一人でだめなら集団力ではい上がるのです。ある意味で、これからは高齢者の生き残りの「戦場」が始まります。毎年四〇兆円の医療費負担、焼け石に水です。東日本大震災は目に見えますが、一人ひとりの高齢者の深刻な生活の現実は、国民の目には危機として直接映りません。われわれシニアが自覚するしかありません。

皮肉にも戦後七〇年の節目は、高齢者の生き残りの戦いが始まる年だといってよいでしょう。戦後必死で生きぬき、飲まず食わずの戦後復興・再生に全力投球してきたのに、老いてみれば「おば捨て社会」でしょうか。矛盾を痛感します。本書は「転ばぬ先の杖」、こんな思いも抱きつつ筆をとりました。

シニアで世の中を変えて行こう

高齢者問題は、なにも日本だけのことではありません。隣の韓国もはやい速度で高齢化問題に火が付き始めています。中国大陸もしかり、将来四億人の高齢化社会が間近に迫っています。東南アジアも、その後を追っかけています。ゆくゆくは、アジア大陸は高齢者問題で揺れ動くでしょう。今後は、四人に一人の高齢者人口、一八未満を除けば三人に一人の高齢化社会に確実になっていきます。高齢者問題をぬきに、社会は成り立ちません。

こうした高齢化社会では、高齢者自身も自らの高齢者問題解決に積極的に取り組まなければなりません。その自覚こそが今必要な時です。他人任せには前途はありません。今こそシニアたちは、自分の幸福と平和の実現は、自分たちの手でつかみ取る気概とパワーが必要です。子や孫たちのためにも。これからは、シニアパワーが地域社会を変え力にならざを得ない時代です。それはシニアが、健康長寿になることが地域再生の要です。

近い将来、アジア中が高齢者であふれる社会になるでしょう。多分この高齢化の波は、ある意味で戦争を押さえる抑止力となりましょう。戦力を持たない弱い年寄りこそ、平和を愛する精神に充ち溢れているからです。いな平和でないと生きられないからです。

ムラの居場所・公民館にかえろう

ゆいまーるガンジュウ作りは、公民館にかえれです。かつての公民館は、部落（字）の自治組織でした。区長の下に総務会があり、その下に「産業部」「教養部」「生活改善部」「体育娯楽部」があって、それらの活動が部落（字）全体、いわゆる村落共同体全体の自治組織でした。（55〜57ページ参照）

なんといっても、地域のたまり場・居場所は公民館です。突っ掛けでも行ける身近なところにあります。公民館を中心としたコミュニティーが、地域再生・創生のカギを握っています。高齢者問題も、専門機関にだけ任せるのではなく、自ら公民館コミュニティーで主役になって、その解決に努力することが望まれます。

本書は、私自身シニアとしての、七六歳の思いも込めて著した次第であります。

二〇一六年八月一八日　世界長寿地域宣言の日に

比嘉佑典

命《ぬち》どぅ宝《たから》のコミュニティーづくり
千の公民館に健康長寿《ガンジュウ》の花を咲かそう——目次

二　公民館に健康《ガンジュウ》コミュニティーを作ろう――比嘉佑典　49

第二部　生きがいのある自前の学習づくりと社会活動の展開

七　自前のガンジュウカリキュラムづくりとリーダーの養成——比嘉佑典

第三部　ガンジュウグループづくりの創造マニュアル

第四部 ガンジュウ城《グスク》アカデミーの開設

第一部

みんなの力で健康づくりを
公民館をガンジュウコミュニティーに

一　集団の力でガンジュウになろう

――シニアの健康長寿づくりの新たな方法――

比嘉佑典
宮里好一

ガンジュウこそは集団健康概念です

昨年（二〇一五年）十二月に、宮里好一博士と共著で『タピックの新医療革命』（ゆい出版）を上梓しました。

本著はその姉妹編にあたるものです。新医療革命の終章は、「公・民連携による健康な地域・コミュニティーづくり」で、そこで取り上げましたのは、「公民館の健康学習革命」と「タピックの草の根ガンジュウ革命」でした。本著は、そ

タピックの新医療革命

こで提唱された理論を具体的に展開していく「実践の書」として著したものです。

終章で強調したのが「ガンジュウ」という健康概念でした。いわゆる宮里博士のガンジュウ（ＧＡＮＪＵ）という健康概念です。それは博士のガンジュウ（ＧＡＮＪＵ）社会構想から引用したもので、ガンジュウは集団性（社会性）を含んだ概念です。

その集団性という特質（特徴）を活かして、集団的健康増進の観点から本書は構成されています。したがって、本書はガンジュウということば（概念）を使って全体を構成しています。

ガンジュウってどんな意味でしょうか

ガンジュウは島言葉《しまくとば》で、丈夫、元気、頑強といった意味です。宮里博士はこのガンジュウにローマ字をあてて、ＧＡＮＪＵと呼んでいます。

Ｇは、元気
Ａは、明るく
Ｎは、仲良く
Ｊは、ジンブン（知恵）
Ｕは、ウマンチュ（万人）

ガンジュウは、五つの要素から成り立っています。この五要素は「集団活動・グループ・ダイナミックス」を意味しています。

みんな元気で、明るく、仲良く、知恵を出し合って、万人で作るガンジュウという意味です。ですから、ガンジュウは集団（グループ）で作るものです。

こういう考え方から、健康は集団で作るものと規定しておきましょう。

健康といえば、普通個々人の健康が問題視されます。個人の体重、体温、脈拍、血圧、体脂肪、食生活、適度な運動、睡眠などと、個人にとって健康の大事さがいわれ、そのことを中心に健康問題を考えてきました。

しかし私たちは、健康（ガンジュウ）こそは、集団（グループ）でつくり出すものだという考えを持っています。

ガンジュウこそはコミュニティーの要です

コミュニティーを構成する要素は、やはりガンジュウです。つまり健康なコミュニティーは、元気で、明るく、仲間同士和気あいあいとして、みんなの知恵を集めて、万人全体が統括されている組織（集団）のことです。それは理想的なコミュニティーの形態です。

個々人の健康を集団で解決する

一人ではなかなか実行できなくても、集団で行えばみんなの力を借りてなんとかなるものです。集団でユンタクしながら、意気投合すれば仲良くなれるものです。コミュニケーション（対話）もはずみます。順番で交代々ですれば長続きします。

このように、集団の力を借りて活動することを、グループ・ダイナミックス（集団力学）といっています。ガンジュウ健康づくりは、集団活動から生まれます。それはまた、仲良しグループで集団凝集性（結束固い集団）を形作り、理想的な生きがいのあるコミュニティーを形成します。ガンジュウは、そうした複合概念であるがゆえに、ガンジュウ方式で、健康問題を解決していこうというのが私たちの主張であります。

ガンジュウコミュニティーづくりにはリーダーが必要です

なんといっても、集団活動にはリーダーが必要です。みんな（集団）をうまくリードすることが大切です。コミュニティーの作り方は次の要素が必要になってきます。

①　まずリーダーが中心になって
②　いろんなノウハウ（スキル）を使って
③　数人の仲間たちとガンジュウの夢を描き
④　みんなでスクラムを組んで実現する
⑤　その場こそが、みんなでつくるコミュニティーということです。

そこでリーダーは、重要な役割をはたします。このリーダーの力量・手腕によって、ガンジュウ集団はより楽しく強固になります。そのためにも、リーダーの養成は最も大事になってきます。

急がば回りましょう～エイサー踊って～

エイサーはガンジュウの源です。その昔、エイサー（盆踊り）は、農村の各家庭の広い庭先で円陣を組んで踊ったものです。真ん中に三線弾きが居て、それを囲むように男女二列になり円陣を作って、くるくる回りまた反対にくるくる回りながら、唄い踊り、ときどき気合いをかけて、屋敷の厄払いと景気づけをしました。そして、各家々を転々と回りました。中央の三線弾きはリーダーです。リーダーの三線に合わせて、みんなは踊りました。

それはちょうど、ガンジュウ集団活動の原型だといってよいでしょう。みんなでエイサーを踊ることによって、厄払い（体内の毒素を追い出す）すると共に、景気づけ（健康回復）を同時に兼ね備えているからです。ぐるぐる回ることは足腰の運動で、エイサー健康法といっておきましょう。

エイサー健康法は、エイサーを踊って楽しく動き回っているうちに、活気づき、みんなと調子合わせて共感の喜びを味わい、固い仲間意識で結ばれます。生き生きとした感動は、生きがいを生み出します。踊り回ればガンジュウになります。

そうした楽しく、情熱的なエイサーを踊った結果、不健康をふっ飛ばして健康になっているという、急がば回れ式健康法であります。

ガンジュウ健康法の成果

ガンジュウ健康法は、直接的健康療法ではなく、間接的健康療法・みんなで治す方式のガンジュウ健康法です。いわゆる集団健康療法といったところでしょう。

ガンジュウ健康法は、集団のコミュニケーションを育てます。

ガンジュウ健康法は、仲間の結束（仲間意識）を高めます。

ガンジュウ健康法は、衆知・集団的思考をはたらかせます。
ガンジュウ健康法は、コミュニティーを形成します。
ガンジュウ健康法は、生きがいを創り出します。
結果として、ガンジュウ健康法は、健康回復・ガンジュウになるということです。

なぜ集団で行動を起こすのか

啓蒙時代から自立時代。まちから村に、生涯学習花盛りです。特に高齢者の健康増進と教養の向上で、多くの人々を集めています。というのも社会教育法や生涯学習振興法（施行規則）の後押しがあるからです。

他方、多くの専門家集団がその講座に参加して、それぞれの専門的立場から講演を行って、健康増進や教養の向上に貢献しています。そのことによって、民衆の健康増進・教養の向上に啓蒙的役割を果たしてきました。一般社会においても、専門家集団による講演やシンポジウム、改革の提言などが盛んに行われています。

しかしそこには、反省するところがあります。啓蒙的役割は評価しますが、聞き手の方が何でも専門家に頼るという専門家依存の傾向が強く、こんなことは専門家に任せた方がいいという専門家任せの傾向です。これでいいのでしょうか。

いつもためになる講座や研修を受けるのですが、現状はあまり変わることはありません。聞きっぱなしの講座制は、確かに知恵をもらい賢くなります。それが直ちに実践に結びつくとは限りません。世の中は、ためになる情報にあふれています。たくさんのいい情報を得ても、それが実行されなければ成果は上がりません。

成果が上がらないのは、専門家たちの責任ではありません。聞き手の、受け手の受講者たちの責任であり主体性の問題です。要するに自立の問題です。ですから、啓蒙されても実行できないとしたら、そろそろ啓蒙的傾向から「自立」をすべき時期に来ているのではないでしょうか。

個々の自立に合わせた協立時代を

一人ひとりが自立するのが難しいのであれば、みんなで手をつないで立ち上がりましょう。みんなの力をかりて立ち上がるのは容易です。自立が無理なら協立（共に力を合わせて立ち上がる）です。結論すれば「ゆいまーる」です。

協立の典型は、「ムエー（模合）」です。ムエーはお金のヌチャシィ（出し合い）による協立的な小集団です。持続性は抜群です。この集団はコミュニティーを形成しています。単なる金の貸し借りだけでなく、相互の親睦を図るゆいまーるコミュニティーです。

知恵を出し合って共に協力し、目的を実現する集団を協立集団といわせてもらえば、それはアクション（行動）グループです。健康増進のためのジンブン（知恵）ムエー・模合を立ち上げて、集団で定期的に活動を継続することが今重要ではないかと思います。

自立から協立へ、そのことを通して民衆が自分たちの問題と向き合うべき時期に来ているのではないでしょうか。

なぜ公民館でガンジュウ健康法なのか

地域の活性化はどこを拠点とするのですか。それは公民館だと思っています。そこは村のあらゆる行事・冠婚葬祭等を行う公的施設（みんなの施設）だからです。そこが地域の活性化の拠点とし望ましい場所と考えるからです。区長さんがいるということ、また地域の統括的役割を果たす意味でも地域の活性化の中心になります。しかし今日、この公民館活動に陰りがでてきました。

第一の原因は過疎化です。地域から若者は去り、仕事場もなくなりつつあります。就業人口も減りました。

第二の原因は、長い間続いた伝統的な村の相互扶助体制が消失傾向にあり、地域の維持が難しくなったことです。以前は隣保班体制で、畑山勝負、農産品展示会、豊年祭り、御願行事、成人活動、婦人会活動、青年団活動、生活改善普及活動、老人会、青少年健全育成会、村の子どもの保育まで行っていました。それが今日、第一の原因によってその機能が果たせなくなりつつあります。

それでも公民館は、地域の拠点として行政的にも維持していかねばなりません。現在の公民館活動といえば、日常的には主に老人会を中心とする活動と、定期的には種々の講習会でかろうじて維持している傾向にあります。

こうした状況の中で、地域活性化運動、地域再生運動、地域創生運動などと、政府は旗を振っても、もはや頑張る人は地域にはほとんどなく、いるのは高齢者ばかりの状況です。子どもが減り、学校の廃校が増えています。地域活性化の旗振りしても、かんばしくありません。

こうした現状において、ガンジュウコミュニティーづくりを奨励することは、二つの理由からです。一つには、疲弊しつつある公民館に健康という医療・介護の立場からその活性化を指向しています。もう一点は、このことによって公民館の地域活性化を促進することです。地域に高齢者は住んでいます。地域の最後の守り手です。彼らを地域再生の主人公にするには、医療、介護、看護、福祉領域からのムラの活性化が必要になってきます。

地域活性化には、産業、教育、アート、民泊、防災、文化のまちづくりといろいろな活性化がありますが、今日の高齢化社会においての地域活性化のカギは、健康生活ではないでしょうか。私たちの目的も、激増する超高齢化社会を視野に入れて、健康な地域づくりを目指しています。

公民館再生のカギは高齢者にあります。世界一長寿県沖縄の回復にも、公民館が果たす役割は大きいでしょう。

千の公民館の挑戦

ガンジュウ健康計画は、行政がやることではありません。公民館が約千館という膨大な数がすでに作られているという事実があります。新たに建設費はいりません。そこは公的機関です。県や地方自治体が本腰をいれてやってくれればいいのです。そこで高齢者が自主的・自立的に「ガンジュウ倶楽部」を作り、健康計画を自らの手で作り出せばいいのです。その結果は、莫大な医療費の軽減になります、また地域活性化のためにも一石二鳥です。

何故にコミュニティー（共同体）が必要でしょうか

結論を申し上げましょう。

「活力ある健全な共同体が営まれていなければ、文明の根幹を保持したり、後の世代に伝えることはできない。多くの人々が共同体の親しい人間関係の中で暮らし、働いていればこそ、真にまとまりのある国家や人間社会はあらわれるのだ。隣人を愛せなくて、人類を愛せるだろうか。……数人の人との共同作業をろくに学ばなかったら、どうして大勢を相手にできるだろう。」（アーサー・E・モーガン）

説明は要しません。コミュニティーとは、地域社会の最後の砦だからです。

コミュニティーにおける集団総合健康療法モデル

コミュニティーは、集団総合健康療法の場です。グループ・ウェルネスの場です。その場は、共同療法の磁場であるといえます。

人間は心を内蔵した身体でできています。身体は場所を必要とします。生活空間です。他方、身体に内蔵された心を持っています。その心自体も場所が必要です。その心の場所（思いの場・内面世界）に何を住まわせるかで、その人の生活行動が決定されます。

心の場が、あきらめ、惰性、堕落、無気力、無駄、失望、おっくうといった「ゴミ置き場」であったなら、心を内蔵した身体はゴミ集積所になってしまうでしょう。その場所は腐敗に満ちた地獄です。

もし心の場が、笑いと元気、明朗快活、愛、生き生き、はつらつ、喜び、癒しの場であったら、心を内蔵した身体は幸福人間です。そこは天国・極楽です。

心の場が汚れているのも個人、心がハッピーなのも個人、その二つの場所を内蔵しているのは他ならぬひとりの人間の肉体に内蔵された心の問題です。

高齢者の心の場所は、無力感・あきらめの巣窟になりがちです。心の悪党（貧乏神）どもの根城になっていませんか。生活不活発病は、その悪党（貧乏神）どものたまり場になっています。その悪党（貧乏神）どもを追い出して、福の神を招き入れるためには、どうしても「集団の力」で追い出すしかありません。自分自身の力ではどうしようもないほど、貧乏神のたたりにあっているからです。

ここで、集団総合健康療法のモデルを示しましょう。五名（普通人数は五人〜一〇人程度）のグループを想定します。

まず、五人組の個々人についてみてみましょう。

図１　グループ･ダイナミックスにおける集団変容過程　（比嘉作成）

集団総合健康療法モデルへの適応

生活不活発病の集団的療法過程の構造

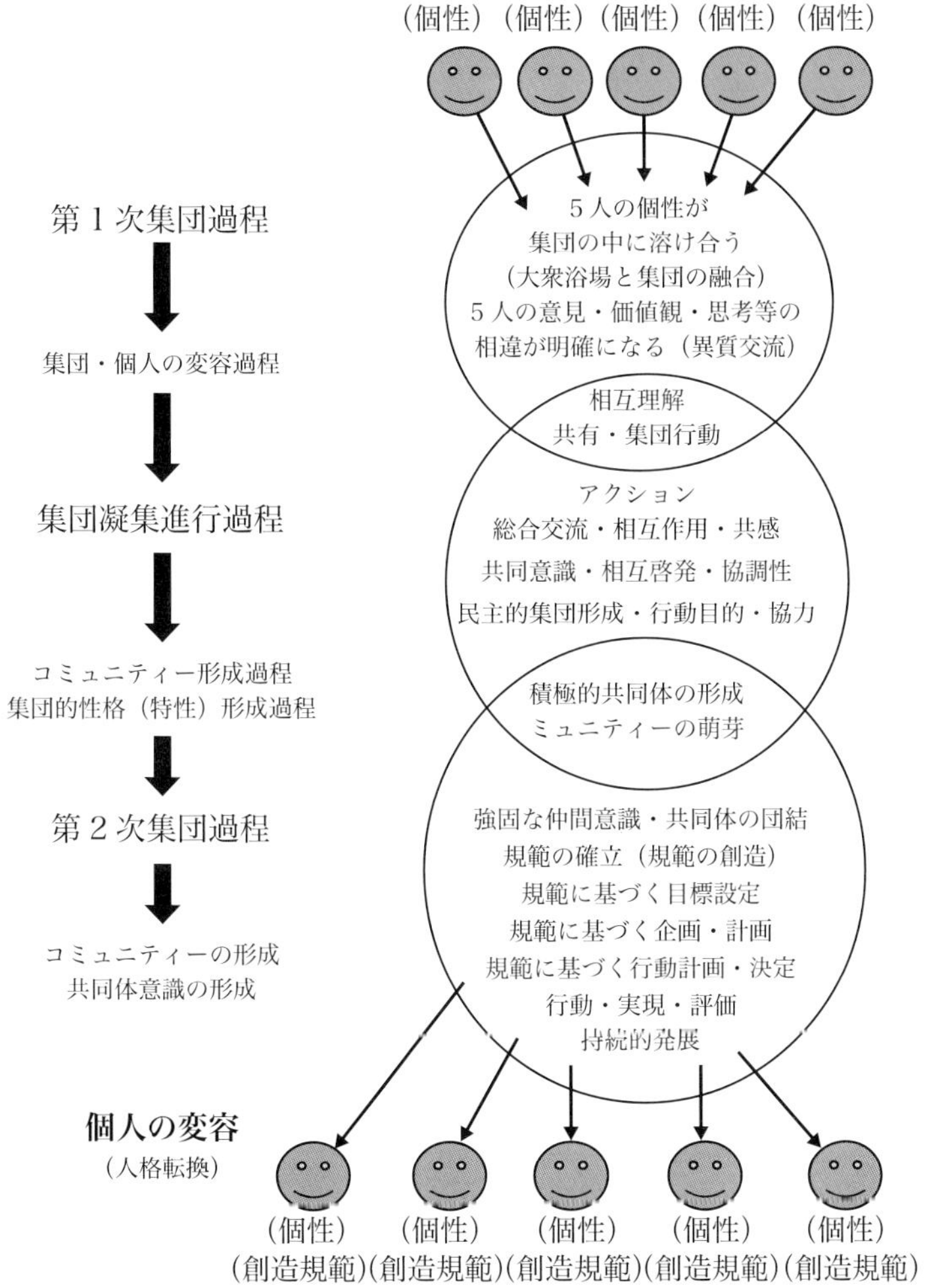

注：創造規範は、集団が自ら創造した規範の意味。

五人は、①性格がそれぞれ違います。②価値観もそれぞれ違います。③抱えている問題もそれぞれ異なります。④趣味も違います。⑤年齢・性別・学歴も違います。⑥生活の経験も違います。⑦家族構成も違います。⑧健康状態も違います。⑨生活環境も違います。⑩人生経験も違います。

それぞれ違った五人の個性が一つの「場所」に集まったらどうなるでしょう。

五人が集まった時点での集団を、第一次集団と呼びましょう。五人は一次集団の中で、はじめに自己紹介をしたり、趣味について話したり、個々の関心事について話したりしている内に、個々人は一次集団の中に溶け合っていきます。五人が親しくなりユンタクを始めるようになりますと、一次集団は五人の心を共有する親密な集団に変化します。共同空間（共同性）を作り上げていきます。そこでは、個々人が何でも話し合えて、親密な関係になり、個々の問題を共同（共通）の問題として共有する共同体・協同集団が出来上がっていきます。そして共同意識・仲間意識が芽生えます。個々の問題も共同体で解決しようと努めます。集団的問題解決です。

このように、一次集団過程が「イモを洗うように」グループ・ダイナミックスします。つまり集団の力動性の中でお互いに切磋琢磨の状態が続きます。その状態（過程）を、ＩＮＧ（進行形）つまり集団凝集進行過程と呼びましょう。集団として「煮詰まっていく」過程です。

一次集団が強固に発達したら、その集団はコミュニティー・結束した共同体に代わっていきます。それを第二次集団と呼びましょう。

第一次集団では、五人が「大衆浴場」でそれぞれのアカを落としながら、裸の付き合い（親密な）関係を作っていきます。

第二次集団課程では、本格的な共同体として行動するようになります。そこでは、①集団で創造した規範が出来上がります。②創造規範によって共同の目標が決められます。③創造規範により集団活動の内容が決まります。④創造規範に基づいて共同のプログラム（企画）が練られます。⑤創造規範に基づき行動戦略が立てられます。⑥目的的集団行動が開始されます。⑦集団行動の結果の評価を行います。⑧集団的充足感を共有します。⑨次の課題へ挑戦する共同意識（仲間意識）と集団的指向性が生まれ、より積極的共同体・コミュニティーが形成されます。

五人個々人が「第二次集団」で形成され共同体の集団の諸力をそれぞれが、わが身体に内蔵された「心の場」に新たな個性と創造規範の場を創り出します。

使用前・使用後とはいいませんが、初めの五人の個々人は、個々人の心の「個性」のみを持っていました。それが、第一次、第二次集団過程の中で、集団行動を行うことによって、個々人の心の特性に集団の規範（創造規範）という新たな特性を取り込むことになります。

各人が個性と集団の規範（創造規範）を共有することになります。

その時初めて、今までの個人（個性）は、新たに発達した個人に人格転換するのです。貧乏神からの脱出です。それは同時に福の神の招来です。

集団の全過程では、集団総合療法が行われています。
① コミュニケーションによる良好な対人関係です。グループ・カウンセリングです。
② ユンタクを通したストレス解消法です。触れ合い療法です。心のアカ抜き療法です。
③ 共同学習による知的刺激による成長です。
④ 価値観の交流による意識の変化です。
⑤ 集団行動による行動療法です。作業療法です。
⑥ 楽しく遊び賑わうことは遊戯療法です。
⑦ ボランティア活動は奉仕的精神の涵養です。
⑧ 助け合う関係は相互扶助です。
⑨ 協同は集団の心を育てます。集団的共感性をはぐくみます。
⑩ 最後は人間理解です。
その他の要素もありましょう。個人の中に、集団を取り込むことによって人格転換がなされます。グループ・ダイナミックスの真髄です。

不治に近い難病を「笑い」で克服したジャーナリストのノーマン・カズンズは、「笑いは一種の内臓ジョギング」だといい、ウイリアム・オスラーの「笑いは人生の音楽」を引用しつつ、自己の体験からこういっています。「たとえ前途がまったく絶望的と思われる時でも、人間の心身の再生能力を過小評価してはならない」として、特に人間の中にひそむ自己治癒力を重視しています。リハビリテーションの世界でも、機能の再生能力やレジリエンス（復元力）に注目しています。それぞれが、集団の中で作用し合うのです。

根本的に人間が変わることができるのは、変革する力・創造力があるからです。カズンズはいっています。「わたしは、自身重病に罹るずっと前から、創造力、生への意欲、希望、愛情などが生化学的な意味を持っており、病気の治癒と心身の健康とに大いに寄与するものだと信ずるようになった。積極的情緒は活力増進剤である」と。

私たちは、集団的治癒力を提唱しましょう。高齢者の孤独や不安と絶望感の克服に、集団的治癒力は力を発揮するでしょう。それは多くの仲間たちの温かい眼差しと協力があるからです。

ところで、集団性には治癒力があるといいましても、集団という共同体空間は一時的で非連続性の集団です。みんなが集合する時だけの集団です。持続的永続的な効果を期待するとしたら、個人の中に集団（力）性を持ち込むことです。個々人の生活は生まれて以来ずっと連続しています。永続的です。その連続的個人の中に集団性を取り込んでしまえば、「集団性」

も「個性」も連続性を持って日常生活に反映できるものです。それを持続的発展といいます。健康グループであれば、健康の持続的発展になり、快適な健康生活が営めることになります。

東京の巣鴨には、トゲ抜き地蔵様があります。そこは「婆さんたちの原宿」と呼ばれています。シニアでにぎわっています。シニアのコミュニティーです。シニアの共同体（コミュニティー）は現代のトゲ抜き地蔵通りかもしれません。

人間の行動変容・人格転換とその方法

グループ・ダイナミックスにおける集団の変容・個人の変容及びコミュニティーの形成について取り上げましたが、ここで人格転換の基本的なタイプをあげておきましょう。といいますのは、グループ・ダイナミックスの行動変容と分けて明確にしておきたいからです。

図2は、人間変容の五つのタイプです。図に説明がありますので詳しく説明しませんが、われわれが取り扱うのは集団規範タイプです。それが主流です。生活不活発病はそのタイプで集団的に治します。

次に重視しているのは、演劇タイプ（本書では創造劇＝クリエイティブ・ドラマチックス）です。生活不活発病者が他人を演ずることで、不活発から自己脱皮する方法です。そもそも生活不活

図２　人間変容(人格転換)の五つのタイプ　　　(比嘉作成)
(aという個人が人格変容過程を通してAに変容する図式)

遊戯脱皮タイプ　子どもが遊びに没入し没頭して夢中(忘我)から我に返ることによって自己を変容するタイプ。スーパーマン変身やごっこ遊び等。

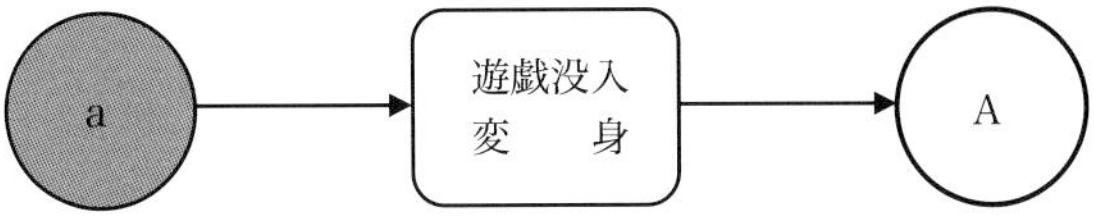

心理療法タイプ　カウンセリングや種々の心理療法による人格転換。

信仰タイプ　信仰行為による人格転換。

演劇タイプ　演劇による人格の変容。本著の「クリエイティブ・ドラマチックス」参照。

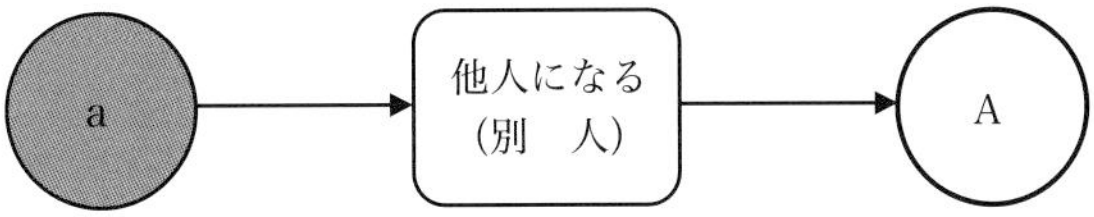

集団規範タイプ　規範とは人間が行動したり判断したりする時に従うべき判断の基準。グループダイナミックスでは、数人の集団内でお互いに切磋琢磨・創意工夫して創り上げた共通の共有する「規範」で、それは個々人を超えた第三の「規範の主」、みんなで創り上げた「創造神・愛」のようなものである。

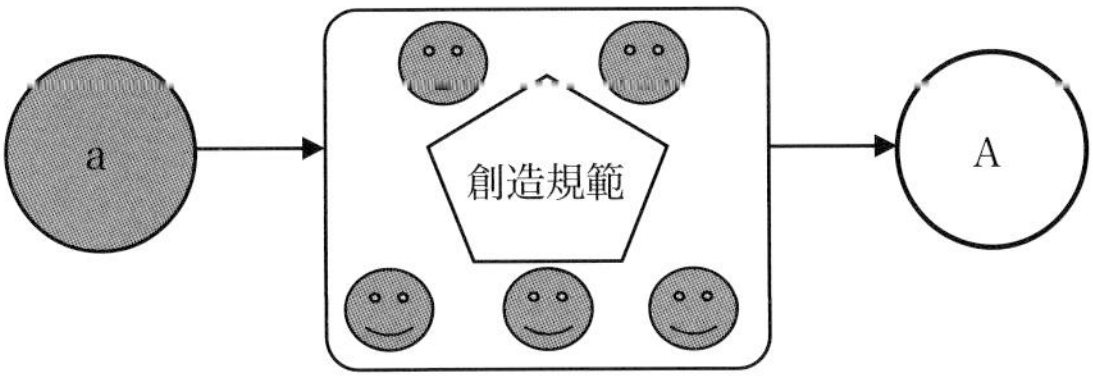

発病は、自分自身の努力で治せないからそうなったのです。自己努力を強いても、克服できるはずはありません。そこで、グループ・ダイナミックスのように集団の力で治すやり方もありますが、演劇活動においては自己ならぬ他人を演ずることによって、自己脱皮する方法です。これが演劇法です。他人に変身しその役を演じることによって、自己の殻を打ち破る方法です。

これと同様に遊戯脱皮タイプも取り上げました。子どもはスーパーマンごっこが大好きです。自己をスーパーマンに変身（脱皮）してスーパーマンを演じて遊ぶことによって、スーパーマンの力をわがものとして自己脱皮するのです。自分がどうしようもない時は、自己脱皮しかありません。自分にこだわるとますますダメになります。そういう人には、自己変容の手段として、「他人を生きることにおいて自己を取り戻す方法」（遊戯や演劇）も使ってみる必要がありましょう。

私たちの目標は、この三つのタイプに絞って健康回復・健康増進の戦略を立てています。まず、各論に入る前に、目的とその方法を提示しました。

本書は、それぞれの公民館が自主的に独自の活動ができるノウハウ（スキル）を示しました。これは一種の健康コミュニティー形成論です。その「実践の書」です。参考になれば幸いです。

二　公民館に健康《ガンジュウ》コミュニティーを作ろう

比嘉佑典

沖縄ショック・長寿全国二六位

沖縄県といえば長寿日本一、男女とも全国でダントツに長命といわれてきました。私が本土で仕事をしていたころ、沖縄の話になると決まって長寿県とうらやましがられたものです。

これがなんと、二〇一三年に厚生労働省が発表した都道府県別平均寿命調査では、男女とも長野県に一位を奪われました。

一位の長野県といえば、脳卒中の死亡率が全国トップクラスの県で、長寿ランキングでも下位の方に位置していました。

都道府県別　平均寿命（2013年公表）

男			女		
ランキング	全　国	平均寿命	ランキング	全　国	平均寿命
1	長　野	80.88	1	長　野	87.18
2	滋　賀	80.58	2	島　根	87.07
3	福　井	80.47	3	沖　縄	87.02
4	熊　本	80.29	4	熊　本	86.98
5	神奈川	80.25	5	新　潟	86.96
≀					
29	群　馬	79.4	29	岐　阜	86.26
30	沖　縄	79.4	30	三　重	86.25
31	福　岡	79.3	31	愛　知	86.22
32	佐　賀	79.28	32	静　岡	86.22
33	鹿児島	79.21	33	徳　島	86.21

一九九〇年に、男性長寿一位をその長野県に譲りました。その後、ガタガタと音を立てて二六位まで落下しました。二〇一三年には、三〇位まで真っ逆さまです。女性はかろうじて三位にとどまっていますが、惨敗だとしかいいようがありません。

大宜味村の、道の駅の「日本一長寿村」の石碑は泣いています。

戦争に負けても、「命《ぬち》どぅ宝」と誇りを持って生きてきたはずの沖縄県、米国の圧倒的な物量の前で、痩せても枯れても頑張ってきた先祖以来の長命の島でした。戦後、陸地は基地に占領された上に、なんと島の人間の体内にまで侵入したビール、ポーク、ステーキ、ウイスキーが、沖縄人の体まで汚染してしまいました。

食事の欧米化、舶来品に目がくらみ、羨ましいと思って美味しく食べていたらこのしまつです。命まで降参旗をあげるのでしょうか。「基地反対！」と叫ぶ島人の寿命は、とうとう三〇位にまでに転落してしまいました。占領軍の完全なる勝利といわせていいのでしょうか。

かつて学生時代に、耳にしたことがあります。米軍がフィリピンを占領した時に、占領政策として、男性の髪にポマード、足にピカピカの靴をはかせることを徹底したそうです。すると男性はたちまち鍬を放り投げて働かなくなり、遊び人になったという噂話を聞きました。「だからヒィリピナー（フィリピン人）は、ポマードをベタベタつけ、いつもクシをポケットに入れ、ハイカラな服装で歩いている」ということでした。

沖縄はどうでしょうか。戦後選挙のたびに「イモ、裸足論争」が出たほどですから、米軍は沖縄人に贅沢させたはずはありません。食糧難で戦った沖婦連の歴史が証明しています（拙著『沖縄の婦人会』ひるぎ社）。

反省を込めていえば、占領政策でこうなったということではなく、私たちが選択した道だったともいえるのではないでしょうか。

「戦《いくさ》に命《ぬち》とらり、魂《しー》までぃんとらって」とご先祖は嘆いているのではないでしょうか。

こうなったら戦いは二つ、基地の撤去とわが身の健康回復です。脳卒中で悲惨だった長野県を鏡として、長寿の再生に頑張らねばなりません。命《ぬち》どぅ宝の奪回です。

沖縄に千も公民館があるのですか？

それが、あるんですね。村から町に千とあるんです。ぜいたくな話です。千の風にのって、とはいいませんが千ほどあるのです。

日本全国で、社会教育法で規定された公民館の数は、平成二三年度では全国一万四、六八一館となっています（文部科学省）。長野県が最も多く一、三七三館で、全国平均は三三九館となっています。

沖縄県は八八館で四六位です。ビリから二番目です。なんでもワーストクラスにいる沖縄ですから、べつだん驚くことではありません。最近、奇跡的に学力検査が、何十年来の一等ビリから脱出したことは、教育界を驚かせホッとさせています。

しかし、沖縄県には他県と違って、字・集落に集会所や類似公民館がなんと全体で九七六施設（二〇〇四年、中村誠司調査・名桜大学）あるんです。この類似公民館は、内容的に法的規定の公民館ではありません。しかし、行っている事業が地域住民の生活や生産の全体をカバーする、いわば地域のコミュニティーセンターです。

沖縄の公民館こそは、地域に密着した住民生活本位の拠点だといってよいでしょう。それが沖縄の全地域に、約千ヵ所の拠点を形成しています。数の多さからすると、長野県に次い

沖縄の集落公民館

で全国第二位で、全国平均の約三倍近い数になっています。

この公民館のことをゆいまーる公民館と呼びましょう。類似公民館といえば、偽物くさい感じがして、イメージが悪いですね。しかし、やっていることは、法的規定の公民館よりずっと内容が豊富ということで、地域に根差した本物の公民館ではないかと、実用的・功利的に納得しています。とても便利な村の、ゆいまーるコミュニティーですから。突っ掛けでもいけるところにあるのです。

こういう私も、村の公民館幼稚園の卒園生です。公民館幼稚園って、社会教育法にはありません。でも、私はそこの卒園生なんです。学事奨励会もあって、勉強のごほうびいっぱいもらいました。これが、ほんとの村の教育・子育てです。村の公民館は、コミュニティースクールだったのです。

この考え方は、時代のトップをいっています。嘘と思うなら、教育再生議会の方針を読んでごらんなさい。彼らも公立の小中学校を、コミュニティースクール化しようとしていますから。しかし私たちは、昔からコミュニティースクールでした。

公立校を「地域運営」に

教育再生会議提言案　活性化図る

教育による地方創生などを検討している政府の教育再生実行会議（座長・鎌田薫早稲田大総長）の第6次提言案全容が25日、関係者への取材で判明した。全ての公立小中学校（約3万校）を、住民らが運営に直接参加する「コミュニティースクール」（地域運営学校）にし、学校を核に地域活性化を図るとしている。提言は3月4日の実行会議で安倍晋三首相に提出する。

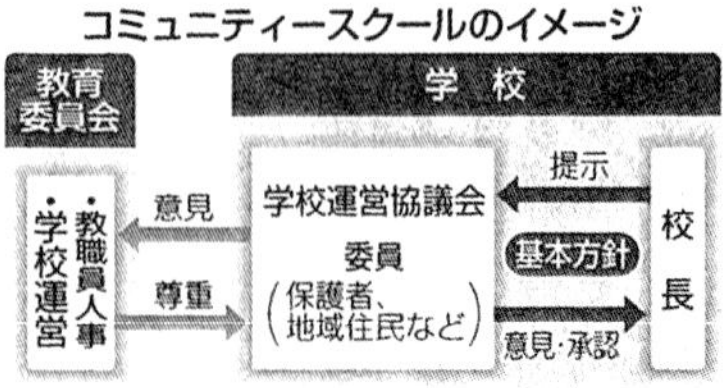

生涯学習の重要性指摘

コミュニティースクールは、保護者や住民代表が「学校運営協議会」に参加し、授業編成など学校の運営基本方針を承認したり、教職員人事に意見を述べたりできる。2004年に地方教育行政法を改正して創設。昨年4月時点で小中学校を中心に1919校の指定にとどまっている。

実行会議は、コミュニティースクール化によって、学校を中心に地域住民がつながり、まちづくりの拠点となる役割が期待されるとして、提言案に「必置を検討」と明記。提言後、文部科学省は全校の指定に向けて同法の改正を検討するが、地域の状況はさまざまで一気に拡大するかは不透明だ。

大学が地元の自治体や企業と連携して実学重視の教育プログラムを開発することや、工業高校や商業高校が地域の特性に応じた学科を設けることも提言する。

提言案では、生涯学び続ける重要性も指摘している。大学が社会人向けのコースをつくることを国が支援。仕事と両立できるように、大学はネットでの授業配信を強化し、特に放送大はスマートフォンでも視聴できるネット配信の授業科目の開設を求める。

用語　教育再生実行会議　教育改革に強い意欲を示す安倍晋三首相の意向を受け、改革の方向性を打ち出すため政府が2013年1月に設置した。鎌田薫早稲田大総長ら有識者と首相、下村博文文部科学相らで構成する。これまでに、いじめ対策、教育委員会改革、大学教育の在り方、大学入試改革、「6・3・3・4」制の学制改革の順に五つの提言をまとめている。

公立校のコミュニティースクール化の必要性を伝える記事

この公民館で、かつては村芝居や敬老会、畑山勝負や家畜の品評会、農産物品評会、青年弁論大会、珠算大会、運針（裁縫）大会あれこれやっておりました。

ちなみに、私が育ったムラの公民館の活動を紹介しましょう。

一九五七年に『優良公民館の実態』（文教局社会教育課）の報告に、私たちの「今帰仁村謝名公民館」が選ばれていました。その中から抜粋して掲載しましょう。当時は字のことを部落と呼んでいました。その呼び名は一般的で、集落の意味で使われていましたから、「部落問題の部落」という差別用語でないことを付記しておきます。

〈抜粋〉

謝名公民館々則

第一章　名称

第一条　本館は謝名公民館と称す

第二章　目的

第二条　本館は当部落の産業を振興し、教育、衛生、教養の向上をはかると共に、従来の因習を改善して、住みよい豊かな部落を建設していくことを目的とする。

第四章　運営

組織図

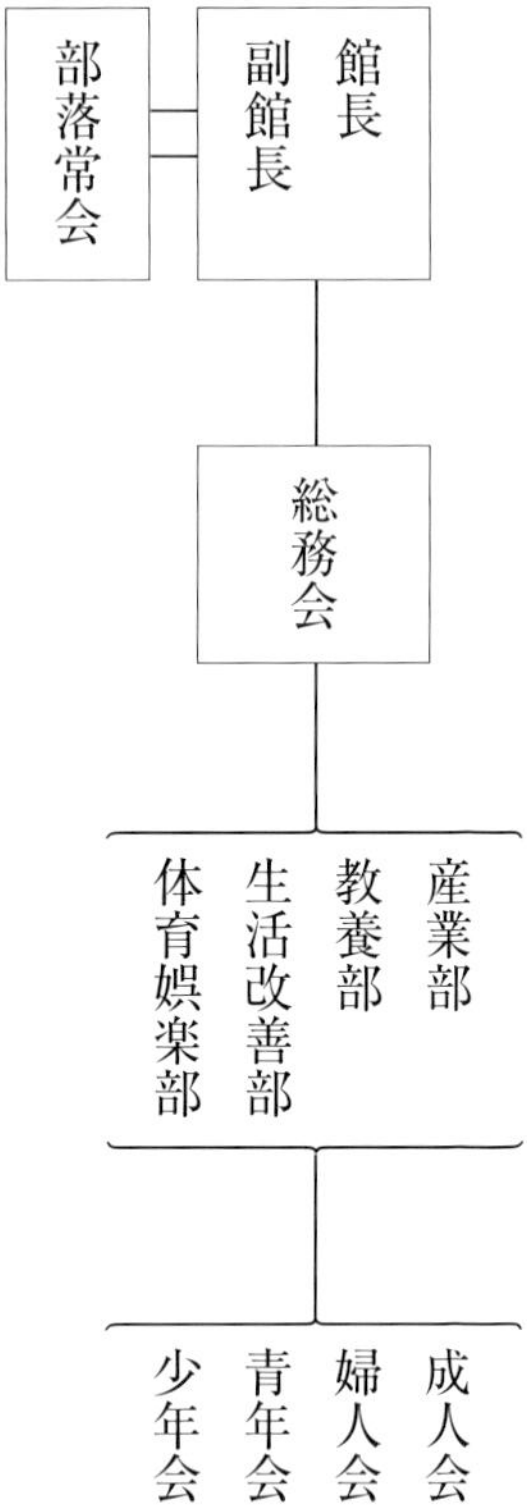

三、公民館の設備並施設

建物	二八坪　瓦葺
総務会	備品保管棚、事務用テーブル二、イス二、時計一、時鐘一、ランプ三、集会用筵三二、額縁二〇、黒板一、行事板一、文書棚
教養部	幼稚園教場五坪、太鼓一、紙芝居セット、ラジオ一、図書棚、図書一七二冊、学習机六、新聞ハサミ二
産業部	4Hクラブ研究園二八〇坪、部落の研究園二〇〇坪、みかん台木用苗圃五〇坪、竹林
生活改善部	モデルかまど及び流し台（公民館内）、モデル便所、手洗い、セメントコンクリート用鉄板（二）ねりスコ（二）
体育倶楽部	運動用具棚、鉄棒、ブランコ、力石、バレーボール（一）、野球用具一式、組立舞台一式、舞台バック、幅（六張）

四、各部活動状況並に将来の計画

	活動状況	将来の計画
総務会	公民館の改築、公民館設置、他部落の視察	公民館運営の合理化の研究
産業	旱害地への甘蔗の供出 うんか、いもちの駆除。病害虫駆除 甘藷苗床設置及植付督励 緑肥そら豆の植付け奨励 秋季肥料積込奨励 村共進会へ各種出品 農事奨励会 区有地造林、竹林施肥 春期肥料積込み ４Hクラブ研究発表	製糖工場及精米所の設置 水田用水路の修理並に拡張 水田への車 甘藷の増収研究 水源涵養林の造成拡張
教養	幼稚園教室の改築 親子ラジオ設置、巡回映画実施 学事奨励会の開催 家庭学習の時報実施 唱歌集の編集配布	文庫の充実 新聞雑誌の購読奨励 各種講座の合理的運営
生活改善	台所改善の奨励 月一回清掃巡視、衛生講話 料理講習、育児講習 冠婚葬祭の簡素化 改善模合の組織 三層式便所の奨励 正午の時報 家庭の花園	全家庭が 1　台所改善を行う （かまど改善、流し台） 2　便所を三層式にする
娯楽体育	村競技会及校区競技会選手派遣 盆踊り、敬老会を催す 鉄棒、ブランコ施設の設置	家庭娯楽の研究普及 農村健全娯楽の研究普及 幼稚園、児童生徒、青年を対象とする体育施設（シーソー、すべり台、バレーボール用具等の施設の設置

昭和50年代初期のころ（謝名公民館）

わが国の集団検診は牛から始まった

まさか、との声が聞こえそうです。人間様をさし置いて、家畜が検診を受けるとは何事ぞ。

牛だって検診を受ける権利はあるとはいいませんが、牛は農村にとって大事な換金家畜・金を生む宝とあっては無視できません。

かつてNHKのプロジェクトX　挑戦者たちに「起死回生の突破口　医師たちは走った医療革命　集団検診」が放映されました。高度成長に向かう日本の中で、農村医療は取り残され、過酷な暮らしで脳卒中や結核が絶えなかった信州（長野県）の村に、それと立ち向かう一人の医師若月俊一（信州の赤ひげと呼ばれる）の奮闘の物語です。

ある時、牛を診察してほしいと頼まれました。

「先生農家にとっては、牛が金になるんです。大事な宝です」といわれてしぶしぶ引き受けるのですが、一軒一軒の農家の牛を検診するのは大変です。そこで、牛を一か所に集めて、牛の集団検診が行われました。「これは、人間にも適応できる」（医者の直観）と始めたのが、人間の集団検診の始まりです。牛にお礼をいわなくてはなりませんね。

脳卒中の多さを問題視した医師は、山間の村々を検診してまわりました。治療の施しようがありません。治療より予防することこそが、脳卒中対策だと痛感した医師たちはそのことに取り組み始めましたが、昔からの因習と塩分の多い漬物の食生活習慣から、なかなか塩分を減らすことはできませんでした。医師と看護師たちの並々ならぬ努力が始まりました。

プロジェクトXの、テレビを見ました時の感動は今でも忘れません。医師と看護師たちの必死の苦闘です。凄まじい精神力といいますか、いや天からの使命としかいいようのない迫力に圧倒されました。

その奮闘努力が、村々を動かしました。その後は、保健師の食事指導・講習会と、長野県上げての必死の取り組みでした。これが功を奏して、今日の長寿日本一にまでなったのです。

短命から長命への奇跡的偉業に、長野県の並々ならぬ努力の跡がうかがえます。私が注目していますのは、人的努力もさることながら、牛の集団検診にちなんで考えてみますと、「そこに公民館があったからです」といいたいのです。

そう、長野県の公民館の多さは全国一です。その数一、三七三館です。ダントツです。全国平均の四倍の数が、長野県の公民館の数の多さです。

塩分を減らす講習会や、普及事業の拠点はどこでやったのでしょうか。それはおそらく、主に公民館ではなかったかと推測します。長野県は、全国でも公民館活動の活発なところでも有名です。

御先祖のトートーメーに線香をたててお詫びしましょう

短命の長野県に、長寿のトップを奪われて、先祖代々からの長命県沖縄、日本一長寿の島と称えられて、呑気に構え油断した沖縄県、沖縄長寿ブランドが消えました。これまで、御先祖様が守り続けた「命《ぬち》どぅ宝」の長寿の伝統が奪われてしまいました。

御先祖様のトートーメーに線香をたいて、お詫びを乞うべきでしょう。世界一長寿の沖縄であったのに、申し訳がたたんでは済まされません。私も含めて。深く頭をたれて反省しなければなりません。

こうなった原因は、食の欧米化やその他ライフスタイル（車社会）の変化といろいろあります。生活は豊かになって毎日が正月です。小さいころは､年に数回しか肉にありつけなかったのが、今日では毎日です。栄養たっぷりで、体重計に乗るのが怖くなります。テレビを見れば、ダイエットの宣伝が誘惑します。「わずか一週間で体重一〇キロ減った」と驚異のダイエット法の魔術にひっかかります。それでも、減りません。

他方、毎日車で出勤です。自分の足を忘れた訳ではありませんが、歩かない足が体重を益々増やしていきます。テレビでは、これまた運動器具の宣伝です。これでもか、これでもかと押しまくりますが、体重は一向に減りません。そのあげくの果ては、生活習慣病というレッテルを張られ脅されますが、治そうとしない神経の図太さにあきれますがどうしても勝てません。絶望的です。それは、他人のことをいっているのではありません。私自身のことなのです。

こんな人間が、人口の多数を占めてしまいましたから、とうてい長野県に追いつくはずはありません。まことに、御先祖様に申し訳ない次第です。

千の公民館で挽回しましょう

今では、世界一長寿ブランドを失った沖縄県、何を誇りとしましょうか、やはり「命《ぬち》どぅ宝」ですか。その言葉は、今では戦争の犠牲に対する「平和のシンボル」になりつつあります。それは当然でしょう。しかし、先祖の残してくれた「命《ぬち》どぅ宝」には、平和以外に琉球の悠久の歴史と生命の血脈と魂が宿っています。強靭な生命力・魂です。

私は、社会教育（生涯学習）を専攻しました。私の最も関心ごとは、沖縄・千の公民館です。前名桜大学理事長時代には、北部生涯学習推進センターを拠点に、北部百六十余の公民館をネットワーク化（連合）して「やんばる公民館大学校」を立ち上げ、大学との連携で、生涯健康学習を推進することを構想していました。そのために、大学の組織改革も成し遂げ、高齢者のための「健幸福祉コース」「歴史文化コース」「生活環境コース」を検討し、年間カリキュラムまで作成し、いざ具体化という時に残念ながら理事長任期終了で退任しました。申し送り状として、新理事長に引き継いだのですが、三年たった今日までその具体化を見ておりません。地域貢献型大学で、実施できないのは残念です。（付録参照）

変わって、私は医療法人・タピックグループの顧問を引き受けたのを幸いに、民間レベルで実施する機会を得ました。今後急増する高齢者のために、私たちは如何に取り組むべきかを検討しながら、シニア対象のシニア共立・海洋シニア移動大学を、屋我地ビーチセンター近くのガンジュウ城《グスク》アカデミーに設立しました。いわゆるどこにでも飛んで行ける翼のついた大学です。

その目的は、千の公民館にかかわる、健康アドバイザーいわゆるガンジュウリーダーの人材育成を目ざす大学です。これからの高齢者に対して、積極的対策を講ずることこそが緊急の課題だと自覚したからです。少しでも、沖縄県の高齢者の健康管理にお役にたてればと願っています。

高齢者医療費の絶望的数値

今日わが国で、大きな問題になっている一つに、国民の健康と医療の問題があります。この国民の健康問題、特に高齢者の医療・介護の問題は、深刻な事態をまねいているといってもいいでしょう。

現在六五歳以上の高齢者人口は、三、一八六万人で過去最多を記録し、国民の四人に一人が高齢者という現実です。

図３　高齢者人口及び割合の推移　（総務省統計局）

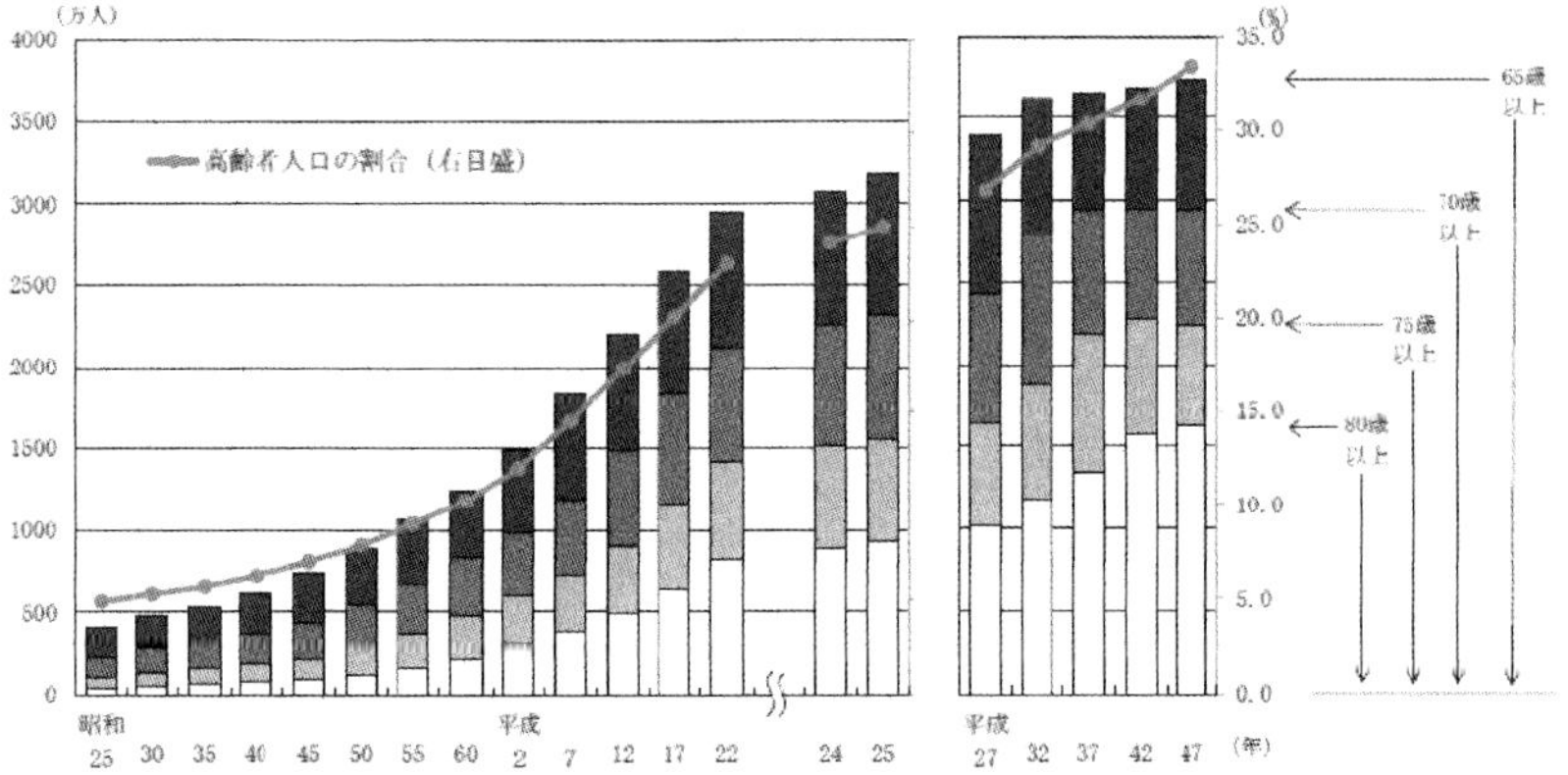

資料：昭和25年～平成22年は「国勢調査」、平成24年及び25年は「人口推計」平成27年度以降は「日本の将来推計人口（平成24年１月推計）」出生（中位）死亡（中位）推計（国立社会保障・人口問題研究所）から作成
注）平成24年及び25年は９月15日現在、その他の年は10月１日現在

二〇一二年度の「国民医療費」は、三九兆二千億余りで過去最高を示しています。国民一人あたりの医療費は、六五歳以上の医療費が六五歳未満の四倍以上となっています。国民医療費のうち、三割を占める後期高齢者医療給付分は、一二兆六、二〇九億円で、伸び率も三・〇％増と全体の倍近くに上がり、医療費を押し上げています。（平成二四年度国民医療費の概況・厚生労働省）

もはや、深刻さを通り越しています。これは、高齢者にとっては重大問題です。国の医療費負担もさることながら、高齢者にとっても自分たちの健康保持・増進については、最大限に努力していかねばなりません。つまり、健康で自立した高齢者を目指して、努力していかねばならない重要な課題だといえます。そのことが、医療費の節約につながるのです。

この問題・課題を、行政や医療機関、介護・福祉関係機関にのみ任せていいのでしょうか。問題の根本的な解決策は、専門機関のみに頼るのではなく、地域住民自らの課題として深く受け止める必要があります。

解決の方法はあるのか

この解決策の方法として、二点ほど指摘しておきたいと思います。

まず一点は、住民の意識改革です。

ズバリ言って。住民自身が、自己の健康の医者になるということです。自分は健康医師であるという自覚です。

病気になってから、専門医にかかる、何でも専門医に相談、相手がその道のプロだから大丈夫という、神頼みならぬ医者頼みの意識を廃し、根本的に自己の意識改革が必要です。病気になったら、当然医者や専門機関にみてもらうことは必要です。

しかし、それ以前の病気になる前の「健康管理」は本人の責任です。この自己の健康管理については、人は皆自らの健康管理の医師です。自分の健康状態を日常的にチェックする健康自己診断医なのです。いわば「健康見張り番人」です。現代は医学や薬学・栄養学や食品科学の基本的な情報（知識）については、誰でも学べる時代です。それらの基本情報を身につけて、自己の健康管理を行うことは容易になりました。

江戸時代に書かれた貝原益軒の『養生訓』は、現代人の必読の書だと思っています。その中の養生のことばに心に主をもちなさいとあります。「養生に志あらん人は、心につねに主あるべし、主あれば、思慮して是非をわきまへ、忿《ふん》をおさえ、欲をふさぎて、あやまりすくなし」と述べています。

私は、この「主」を「医者・医師」に置き換えてみたいと思います。そうすれば、「心に医師を持ちなさい」という意味にとれます。自分の心に医師を持つことこそ、自己の健康管理の要諦です。

ついでに申しあげると、「命は我にあり、天にあらず」という老子のことばをひも説いて、「命は我にあり」といっていますが、「命は自分持ち」といってもいいでしょう。沖縄には「命《ぬち》どぅ宝」とか「命《ぬち》どぅ第一《でーいち》」とか、盛んに使っていますが、それが空文句に終らないように「命に主（医師）」を持ちたいものです。

このような意識の変革がなければ、いくら医療・福祉関係者や行政などが保健指導を重ねても「馬の耳に念仏」です。

心に医師を持ち、医師のコントロールの下にこの健康管理を行えば、国民の病気や保健・福祉にかかる膨大な費用は、大幅に節減するとともに快適な生活を送ることができるのではないでしょうか。

二点目には、健康管理の場所の問題です。

地域に、健康管理の病院を持つということです。要するに健康医院です。公民館を地域住民の健康医院にすることです。健康集団クリニックです。そこで、保健衛生をもっと徹底することです。既存の公民館を使うのですから、施設設備の財政的負担はほとんどいりません。おまけに、各字に公民館がありますから便利です。ちなみに、私の育った今帰仁村には字公民館が一八館あります。それは、歩行生活圏にあるということです。そこで健康カリキュラムや健康プロジェクト、健康イベントなどを企画立案すれば事足ります。集団で計画を立て実行することです。

自分の反省を込めていいますと、「自己努力ほど当てにならないものはない」ということです。三日坊主ですから、新年に決意したことは、どこへ行ったのでしょう。個人の自己努力ばかりに任せるわけにはいきません。「みんなで健康一、二、三」とすれば、意外に長続きしますし、会話（コミュニケーション）もひろがり、友達もできます。仲間意識も芽生えます。いわゆるコミュニティーヘルス（健康な共同体）です。さらに、ボランティア意識や社会貢献的な活動に参加する者も増えてくるでしょう。

この健康なコミュニティーこそが公民館なのです。公民館を医の拠点・健康クリニックにしましょう。ゆくゆくは医者泣かせの公民館にしたいものです。「健やかなるもの医者を要せず」ですから。

知の拠点としての公民館は、文化教養・心の健康の場です。医の拠点としての公民館は、健康・長寿の場です。「心身共に健康な国民の育成」それは、教育基本法の一文です。公民館で実現しましょう。公民館は、家から突っ掛けで行ける近いところにありますから。

地域の健康コミュニティーの再編成

ところで健康医院とはなんでしょう。心身の健康保持・増進するための施設の総称です。医者がいて健康チェックや治療をするところではありません。病気以前の健康管理をしっかりするところです。いわば病気を予防するところです。健康増進の積極的意味も含めて、健康づくりの医院ということです。別名、健康娯楽医院です。楽しみながらガンジュウになることです。

沖縄の公民館では、従来から健康医院的行事は行われています。毎年の健康診断、ガン検診、公衆衛生、健康・長寿等の講座等が開かれています。しかし、その成果はどうでしょうか。この程度の健康促進事業だけで、問題を解決することは不可能です。

もっと積極的・専門的に健康づくりを組織化する必要があります。その組織化には二つの方法があります。

一つは、行政が毎年行っている健康事業の本格的な組織化です。それには問題もあります。つまり財政の問題です。人事の問題です。縦割り行政がどこまで関与できるでしょうか。しかし、やらねばなりません。

二つには、住民自らの手で健康医院を組織化し運営する方法です。その方法はいくらでもあります。リタイアした高齢者を中心に組織化して、自らの健康管理（健康測定）と健康啓蒙活動、地域保健活動、自身の体験的健康講座、健康医院のお知らせや、パンフレット、プログラム作りやスポーツ・レクリエーション等の健康活動の計画・実践など、高齢者自身が衆知を集めて取り組むことです。それらを地域づくり・コミュニティーの再生・創生にひろげて、明るく元気なムラづくり、地域の活性化を目指すことです。

自分たちの健康は自分持ち、自分たちの力（協働）で集団的に作り出すことです。世の中、支援だの、援助だの、サポートだの、サービスだの、介護などと、ある意味でサービス過剰社会です。あまりにもサービス、支援されると支援依存症になりかねません。

高齢者は、学校教育も受け、職場で働き、経験も豊富な優れた資質を備えています。ただ体力に衰えが目立つ程度です。シニアパワーはまだ残っています。第二の人生の独立宣言をする時だと思います。依存や甘えをいくらか押さえれば、自立と相互扶助は立派にできると思います。

伝統的な「ゆいまーる」の考え方は、相互扶助そのものです。「いちゃりば兄弟《ちょうでー》」は仲良しコミュニティーです。その伝統の素地がありますから、なにも全く新しいことをするということではありません。みなさん、からだ一つ持ち寄ればできることです。ガンジュウ・ムエー（健康模合）です。一人ひとりが、真剣に考えないといけない時代だと思います。

村の学校・公民館の新たな役割の検討

かつて、家庭教育と村の教育と学校教育が三位一体となって、子育てを行っていました。言い換えれば、家庭の教育力と地域の教育力と学校の教育力がバランスよく行われていました。社会の変動は、その教育組織や社会組織を変えていきました。まず、地域の教育力の衰退がいわれ、村から教育が消えていきました。次に家庭教育が衰退し始めました。勢い学校教育にすべてがのしかかり、学校はパンク寸前となりました。

いつの間にか、教育は学校頼み、「学校信仰」ということばも生まれました。自らの家庭教育を忘れて学校教育のあり方に文句をいう親も現れてきました。地域での青少年健全育成も子ども会組織はあっても、内容と活動はかんばしくなく開店休業の状態です。ジュニアリーダー研修もいまひとつ問題があります。大人の担当役員のなり手がなく、役員を決める時は逃げ腰です。社会教育を専攻し、現場で長年活動した私の経験と感想です。

行政の関係システムは、ますます形骸化しています。名ばかりの組織がいかに多いことか、そろそろ反省と改革の時がきています。教育再生実行委員会が、最近になって打ち出してきているのが、コミュニティースクール（地域社会学校）です。「教育を地域に引き戻す」「教育を生活に引き戻す」いな、学校・地域・生活の統合化の方向を模索しています。

そのことは、今に始まったことではありません。かつての「郷土教育」や「村の教育」「地域に根ざした教育」などはその先例です。しかしそれがうまくいかなかったのは「受験・入試制度・学力向上」のカリキュラムが、郷土に根ざすことをむしろ拒絶する傾向にあったからです。そのままでは、教育再生実行会議でコミュニティースクールを提唱しても、現状は変わるとは思いません。今までもそうでしたから。

他方、地域の公民館を見わたすと、社会教育法の目的にあまり縛られすぎます。それも、学校教育と同様、文化・教養の講座という学習型の村の公民館ですから、学校と同じことを繰り返しているように見えます。

教育大国日本は、よほど教育が好きなんですね。あれは、江戸時代の「寺子屋」の伝統かも知れません。「知の拠点」としての公民館は、地域生活に根ざすことになるのでしょうか。さいわい類似公民館と呼ばれる沖縄の公民館こそは、地域のコミュニティーに根ざしています。新たな役割の可能性は大きいでしょう。

地域住民の健康づくりの場としての公民館の役割

この公民館を、全く別の観点から見直す必要があります。

健康生活 子どもから

県、長寿復活へ副読本作成

県は健康長寿復活への取り組みの一環として、次世代の健康づくりのためにイラストを豊富に使った小中学生用の副読本を作成した。2015年度から県内の全小中学生に配布される。県内の20〜64歳の死亡率が高く、特に20歳から肥満率が上昇する傾向があるため、子どものころから健康的な食事や生活習慣を身に付けさせるのが狙いだ。食育編と生活習慣編、心の健康編の3冊が作成された。

次年度から小中校配布

一括交付金を財源に約6600万円で作成した。編集は県医師会に委託した。食育編の「くわっち〜さびら」は小学校1〜6年、生活習慣編の「ちゃ〜がんじゅ〜」は小学校高学年、心の健康編「こころのタネ」は中学生が対象。特別活動や保健などの授業での活用を想定しており、教員用テキストも作成した。

県内の体格指数（BMI）25以上の肥満者の割合は20代男性で全国の21・2％に比べて34％に上るなど、各年代で男女とも全国を大幅に上回っている。食育編・生活習慣編はそれぞれ肥満に焦点を当てて健康長寿が崩壊している現状を説明。

食育編には朝食の重要性や食生活の変化、島野菜のレシピなどを掲載しているほか、生活習慣編では運動や睡眠の重要性、たばこや多量飲酒の害など

2015年度から配布される小中学生を対象にした健康づくりの副読本

健康教育の奨励

それは「国民の健康づくり」です。健康こそは、現代のわが国の重要課題です。老いも若きも、赤ん坊に至るまで、健康は万民の課題です。若者だけを学校に囲い込み、教育するというものではありません。教育再生なんていう話でもありません。それはむしろ保健・医学界の重要テーマです。健康（健康教育）は、「医からの教育」を考える発想がなければなりません。

その意味で、「医の拠点」としての公民館の発想は、「健康」という国民的課題解決の、地域に根ざしたコミュニティースクール（地域社会学校）だといえます。そうなれば「心身ともに健康な国民の育成」（教育基本法）の公民館となるでしょう。生涯学習振興も必要です。もっと必要なのは命の教育です。ウェルネスの思想に立つ保健教育は、地域社会全体で取り組む可能性は最も大きいと思います。国民の健康生活課題ですから。口のきけない赤ん坊にでも、

その権利があります。ＷＨＯの健康概念は、公民館で実現するものだと思っています。

ガンジュウリーダーの養成を

公民館には公民館主事、社会教育主事を配置するのが社会教育法の規定です。しかし、類似公民館は、その適用外といったところがあります。一般に区長と事務職員で構成されているのが、類似公民館の特徴です。

その類似公民館に、ボランティアとしてのガンジュウリーダー（健康管理者）を配置して、地域住民の健康づくりのリーダーとして活動する場を与えて、類似公民館を活用することも地域活性化・地域再生・創生の基礎になると考えます。そのことは。ボランティア活動なので法的制約はないと思います。地域住民の主体的活動をサポートしコーディネートすることによって、より発展的に活性化を図れると思います。

個々人に、健康増進を呼びかけても限界があります。個々人の力・希望・要望等をまとめて企画し実践するコーディネーターかガンジュウリーダーがおれば、個々人を集めて集団的に協働体制で活動しやすくなると考えます。やはり、リードする人が必要です。

沖縄・千の公民館にこだわる理由

シニアのみならず、健康問題は今や国民の最重要課題です。莫大な医療費を減らすことが急務です。そのためには、一人ひとりが健康に心がけることが肝心です。健康生活は、一つには、心身健康で幸せな生活の確保です。二つには、医療費の軽減です。その分だけ他の福祉に回せば、生活は豊かになっていきます。

何故に健康問題について、公民館にこだわるのかといいますと、問題解決の拠点が約千館あるからです。それをうまく利用します。新たに作るとなると、莫大な費用がかかります。行政は財政的にピンチですから。資格制度にしたら、それこそ人件費が大変です。ですから、シニアボランティアの力を活用することです。アクティブシニアがおりますから。なによりも、他に頼らず自分たちの力で自分たちの問題を解決することが重要で理想ですが、しかし現実はそうはいきません。やはり、サポート体制が必要になってきます。

公民館にこだわるもう一つの理由は、公・民連携の拠点として活用できる点です。公民館は。産・学・官・民の連携の集約の場になるということと、総合ネットワークが組みやすいという利点です。公民館には、常駐の区長、事務職員がいるということも連絡調整の上で何かと便利な点です。

以上あげました条件がそろっているところは、めったにあるものではありません。しかもそれが、各字や集落にあるのも魅力です。突っ掛けで集まれる気楽な場所なのです。地域にしっかり根を張った場でもあります。活動・運動を広げていくのに最適の場所だからです。

行政依存型から地域自立型へ

そろそろ、地域の自立を自分たちの手で創りだす時期に来ています。地域の自力再生の時です。

近い将来、頼みの綱の自治体の破綻は明らかになるでしょう。夕張市は大変だと他人事のように見ていましたが、その夕張の次に破綻寸前の村が沖縄県にあり、財政的ピンチのワースト一〇に、沖縄県の自治体が三村も入っています（エコノミスト）。

最近、話題になりました『地方消滅—東京一極集中が招く人口減』（増田寛也）によりますと、将来八九六の市町村が消滅するというデータが示されました。そうなると、市町村が倒産してもおかしくない時代が、目前に来ています。サービスや支援や保障を要求しても、倒産した自治体は自主再建に乗り出すのが精いっぱいです。地域住民の債権の負担も出てこないとはいいきれません。

従来の官僚主導型の国民サービス体制に、ひびが入り始めています。かつて家庭や地域社会で行っていたことを、ことごとく国家（行政）が行うようになって百年たちました。私的サービスが国家（行政）サービスに統合され、画一的な公的サービスに転換しました。しかし地方自治体（行政）の消滅が意味するものは、自らの生活に直接かかわる様々な事柄は、国家の仕事から再び家庭や地域の仕事へと戻し、自力で地域の再生を図るということです。

時代は大きな転換期に来ています。今までの延長で発想していますと、時代に乗り遅れてしまいます。行政システムや社会システム、産業システムは永遠不変ではありません。そのことは、世界の歴史が証明しています。

生活不活発病をご存知ですか

生活不活発病、いわゆる廃用症候群といわれる病気です。病気といっても、入院というものではありません。医者に見せ治療するというものでもありません。要介護寸前の人々のことです。生活習慣病に似たようなもので、高齢者特有の生活の不活発からくる老人病の予備軍です。

それを沖縄の島ことばで、表現することにしました。

方言辞典で共通な言い回しは、チルダイ（体の中の筋がだれる意）です。私の育った今帰仁村では、日常的に使っていたのは、チルダイの他にチンダラー（だれている者）とか、チンダリン（だれてしまう）とかチンダリルという表現をしていました。日本語の表記に、チンタラ（やる気なくだらだらと物事を行なうさま）があり、よくチンタラチンタラしないでということばを使っています。その語とチンダリをかけ合わせ、語呂合わせがいいので生活チンダリ病とでもいっておきましょう。アピールしやすいことと、なんとなく響きが面白いので、「生活チンダリ病」と呼ぶことにしました。

生活不活発というのは、生活がチンダリていることで、一種の引きこもりのようなものです。ヤドカリみたいに常に孤独でヤーグマイ（家に引きこもる）タイプです。

生活チンダリ病、本人は決して好き好んでなったわけではありません。別段健康的に、医者のお世話になっているのでもありません。病気といっても自覚症状があるわけでもありません。いつの間にかなってしまう症候群です。高齢者に最も多くみられます。

年をとると、次第に体がいうことをきかなくなります。運動もままなりません。何をするにもおっくうで面倒くさくなります。全身かったるくなります。毎日あくびの生活です。何事もあきらめが先立ち、だらだらと毎日を過ごします。家の中で何もすることがないからテレビでも見ています。そのうち時間がたつと、外出できなくなるほど身体が金縛り状態になります。あとは要介護です。

ＮＨＫで放映された、元気に老いるをテーマに宮城県の南三陸町の生活不活発病対策のテレビを見ました。東日本震災の後遺症だと思って見ていますと、なんとわれわれに警告しているような番組でした。

震災後、仮設住宅生活で起きている生活の変化について、南三陸町は町をあげて「生活機能調査」を行っています。調査結果でもっとも特徴的なのが、生活不活発病だったのです。

震災後仕事を失い、やる気もなくなり、やりたいけどすることもできない、なんとなくふさぎ込む、立ちくらみする、認知症のような症状がでる、何もやることないから家の中におりっぱなしなどの生活が続いた結果、全身のありとあらゆる機能に悪影響し悪循環になり、そのうちその人を動けなくしてしまっていたのです。

その後が大変な努力です。いくつかのケースを通じて解決の糸口をたどっていくドキュメンタリーでした。

驚くべきは、身動きのできなかった八一歳の女性が、なんと一か月で歩いて友人の家を訪ね歩く光景に感動しました。近所の友人を訪ねて会話を交わす楽しみ、数人集まっての井戸端会議、朗らかで生き生きとしてとても印象的でした。

町では啓蒙活動に乗り出しました。学習会・研修会を開催した結果、生活不活発病発生率が三九％から九％に下がるという驚異的な成果を出しています。インタビューに応じたある高齢者は、研修で学んだ知識が日頃の生活に生かされました、といっていました。

これもまた、驚異的な成果です。知は意識の変革に重要だといってよいでしょう。

南三陸町から学ぶもの

大震災の後遺症の壁に挑む姿勢は、長野県の脳卒中対策の意気込みを思わせます。ダメージ（ショック）は震災の後遺症の方が大きいでしょう。それはともかく、八三歳の歩けなかった女性が、仮設住宅をひと回りして住宅外のスーパーまで買い物に出かける姿は圧巻でした。まるで魔法にかかったような感じさえ受けました。

どうしてここまでできるようになったのでしょうか。それは対策の画期的方法でした。かかわった専門家（女性）の観点・発想が、成果を後押ししたということです。

普通の生活不活発病対策は、次の順序で行われます。
①心身の機能回復が先行します。
②生活動作の回復に心がけます。
この手順をひっくり返して行ったのが、専門家の手順です。
①社会参加　②生活動作の回復　③心身の機能回復

社会へ出て歩くきっかけづくりをします。

動くきっかけは、あることをしたいという要求です。友達に会いたい、庭いじりしたい、ゲートボールに行きたい、それらを達成する動機探しです、これを楽しい老いにつなげます。そのために、多少困難であっても楽しみの目標を持って徐々に実現に向けて歩かせます。それが実現した時の喜びと、仲間と会いおしゃべりする楽しさを経験すれば、もっと積極的になっていきます。そのことが実現すれば、生活動作の困難は解消されますし、心身の機能も回復してしまっているというやり方です。夢と希望とみんなに会える幸せに引かれて社会参加です。「牛に引かれて善光寺参り」ならぬ、みんなの磁力に引かれて社会参加です。

実は私たちも以前からそのことに気づき、コミュニティーにおける集団総合健康療法モデルを考えていました。本書の全体の流れが、そのモデルに従っています。

公民館は生活チンダリ病の集団健康療法施設に

医者に行く前に公民館へ。病気になったら、病院で医者の治療を受けねばなりません。実際に介護が必要になったら、専門の介護施設に入所しなければなりません。

しかし、生活チンダリ病（生活不活発病）や生活習慣病、メタボなどについては、医者に行く前に事前に健康回復する必要があります。

病院でなければ、どこへ行けばよいのでしょうか。いまのところ、行先はなかなか見つかりません。自宅待機です。

スポーツがしたければ、スポーツクラブへどうぞ。健康体操したければ、健康教室へどうぞ。足腰の筋トレは、リハビリ施設は如何ですか。

やる気がなくて、チンダリている高齢者、まるで寝たきりか引きこもりのようです。完全な引きこもりなら、精神医科かカウンセリングが必要です。しかし、そうでない場合はやはりご近所の公民館で、相談した方がいいのではないでしょうか。

シニアの生活チンダリ病対策を急げ

シニアの中には、生活チンダリ病で病んでいる人がいます。この病気は、細菌はいません。医者の治療も必要ありません。つける薬もなければ、感染の心配もまったくありません。当然マスクも必要ありません。治療や入院の必要もないシニアは、どこへ行けばいいのでしょうか。

こんな病気、誰が治すんですか。当然自分で治さねばなりません。しかし、生活チンダリ病は、一人ではなかなか治せません。一人で頑張っても、せいぜい三日坊主ではないでしょうか。みんなの力を借りましょう。お互いに、みんなの力で治す方法が有効かと思います。「生活チンダリ病みんなで治せば怖くない」。「赤信号みんなで渡れば怖くない」たとえが悪いですが、そんなものです。集団療法・グループ・ダイナミックス療法がもっとも近道ではないでしょうか。

生活チンダリ集団療法、みんなで騒げばチンダリも治ります。

健康文化というとらえかた

国民の健康問題は、重大問題として報じられています。国も「健康大国日本」を目指して奮闘しておりますが、焼け石に水の感があります。莫大な医療費の額に愕然としつつも、何とかしなければというので、都道府県の保健、医療関係、健康増進にかかわる行政の諸機関を通じて、キャンペーンを展開してきましたが、大きな成果は出ておりません。

テレビやマスコミ等の広告・宣伝は別の意味で健康増進をあおり立てています。生活習慣病やメタボ、高血圧に糖尿病の予防などと、関係する薬や漢方や食材の宣伝に躍起になっています。ダイエットも多少過剰気味で、「一週間で一〇キロ減量しました」と、証拠写真入りで宣伝しています。おまけに健康器具の販売合戦も大変です。通販も負けていません。

でも、一向に成果が上がっているとは思えません。健康問題が、これだけ健康産業を繁盛させているのに驚きます。裏返せば、健康どころか深刻な不健康の事態だといえましょう。健康、健康と叫ぶところには健康はありません。だって、みんなが健康であれば、何も健康と騒ぐことはないでしょう。不健康だからです。健康の陰に不健康が隠れています。

そこで、不健康の結果、いよいよ病気になって病院通いが始まりました。病気になれば、病院で治療を受けるのは当然のことです。病院の通院者の数も増えてきていることも事実です。

国民の健康生活について、健康教育、保健指導も盛んに行われています。行った分だけ、効果が表れていることでしょう。

生涯学習時代、まちから村に生涯学習ブームです。とりわけ、シニア（高齢者）の健康学習はとても盛んで、行政や関係団体が力を入れているのが分かります。シニア関係の講座を見渡してみますと、健康長寿に関する「健康維持の講演」「健康体操の実技」「快適な健康生活」「健康長寿の食生活」「健康と食育」「各種疾患の予防講座」「スポーツ健康講座」「健康と運動・散歩講座」「健康測定」など多くの健康講座が開催されています。それはそれなりの成果・効果が上がるのは確かです。

私も、健康問題に取り組んできました。その観点からまちや村の健康学習に積極的に応援してきました。

最近、このような健康学習・講座の在り方を、反省するとともに別の次元からの健康教育・学習を考えるようになりました。それは、ここ数年県の社会福祉協議会主催の「かりゆし長寿大学校」の講座を担当した経験と、医療法人・タピックの「幸寿大学校」の講師等を引き受けてから、その影響で「健康概念」が変わってきたからです。ちなみに、琉球新報の「論壇」に投稿した記事を紹介しましょう。

私の驚きとショックは、シニア（平均年齢約七〇歳）の恐ろしいほどの学習エネルギーです。あらためてアクティブシニア（活動的高齢者）のパワーに圧倒されたのです。

シニアに健康文化の香りと活力を

反省して思うに、私たちはストレートに健康問題を「健康」のみにこだわってきたのではないかということです。もちろん、ゲートボールやスポーツ・レクリエーション、祭り等もやってきましたが、正直いって、生涯学習は講座形式中心に行ってきたことは否めません。

ストレートに「健康」に向き合わずに、健康の状態・状況・場を創り出すことによって、健康を増進させる方法や、また健康になるような、間接的内容づくりをしたらどうだろうかと考えました。

そうしますと、健康を生きがいにする講座、「健康と生きがい」をテーマに、「生きがいからの健康づくり」を考え、生きがいを先行させた健康文化の発想で取り組んでみてはと考えました。

私の生きがいと健康の鏡は、沖縄の民謡「白保節」（作詞不明）の一節です。

2012年4月28日

論壇

郷土文化伝承に生かそう

長寿大学に学びの原点

比嘉　佑典

学ぶことが「喜びである」こと、「生きる活力」であることを真に証明している年寄り集団がいる。そう、かりゆし長寿大学校の大学生たちである。平均年齢約70歳のこの学習集団のパワーは、恐るべしと言うべきか。

私は70にして、本当の「学生」に出会った気がしている。大学の教壇に立って40年、多くの若者を教えてきた。「学びの門」をくぐって入学してきた彼らは、学ぶ喜びよりも、それ以外に動機がある。

学習は彼らにとっては「資格の取得」が目的で、将来の就職（例えば、教員、公務員、医者、弁護士、大企業のサラリーマン等）を目指した学習である。いわゆるキャリア形式のための学びである。だから学ぶこと自体に喜びを見いだすよりも、就職目的で学習する。

現代社会の就職戦線がこうした状況だから、やむを得ないことでもある。なんとか単位を稼いで卒業ということになる。授業に身が入らず、「いねむり」「私語」「ケータイ」をもてあそび、モラトリアム（いわゆる大学遊民）を生きている。

それに比べ、かりゆし長寿大学校生の動機は、まさに「学び」そのものである。70歳の彼らに、公務員や教員、医者や弁護士を志す人は皆無である。すでにそれらの職業からリタイアした定年退職者たちだ。彼らは、ひたすら学ぶ目的で入学してきている。

生き生きと目を輝かせ、己の年も忘れて、学習活動、社会調査、大運動会、クラブ活動、学習発表会に熱中し、学ぶことに喜びを見いだし、学ぶことで生きる力（活力）をみなぎらせている。

その姿に、講師である私のほうがむしろ圧倒されてしまう。彼らの、エネルギッシュな学びの情熱に脱帽である。彼らの学習態度を、現代の大学生たちに見せたいものである。

すでに精神が老けて若年寄りになっている彼らに比べ、学びの醍《だい》醐《ご》味《み》を知っている老人たちの精神の内に、青春のエネルギーを感じている。誠に長寿の邦の宝でーびる。

このスピリットを、年寄り自身の自己満足で終わらせたくない。彼らが学んだ内容は、生活、環境、健康、福祉、郷土の伝承文化である。それらを、ぜひ地域社会の中で子育てに役立ててほしい。

いま沖縄の子どもたちに足りないものは、「郷土の伝承文化ーアイデンティティーの教育」である。大学校卒業生に期待したい。「ふるさとの心の種子」をふりまいてほしい。あの花咲かじいさんのように、郷土に文化の花を咲かせましょう。

（名護市、東洋大学名誉教授、72歳）

遊《あし》びぬ美《ちゅ》らさや
人衆《にんず》ぬすなわい　踊《うどぅ》てぃ遊《あし》ば

歌詞の中に、最高に幸福で絶頂の姿が見えます。みんなそろって踊りながら美と遊ぶエクスタシー（恍惚）を感じます。それこそがグループ・ダイナミックスです。生活に、チンダリてばかりはいられませんね。

われわれの先祖様は、メタボはいない。生活習慣病もない。糖尿病も少ない。血糖値なんか上がりっこない。毎日の畑仕事でカロリーは消滅。食っても、食っても太らない。粗食に耐えて、体格はホッソリと割り箸スタイル。金がないので病院通いはできない。ちゃーすが(どうしよう)。自ら健康管理するしかありません。体は締まりすぎて健康だから、楽しみ事でもして、「心の健康さびら」でしょうか。さあ遊びましょう。

かりゆしぬ遊《あし》び　打ち晴りてぃからや
夜《ゆ》ぬ明きてぃ太陽《ていだ》ぬ　上る迄《までぃ》ん

これだけ遊べば、ストレスも吹っ飛んで、心は晴れるでしょう。また、厳しい労働にも勢を出せるというものです。

「遊《あし》びぬ美《ちゅ》らさ」なんてすばらしい美的感覚でしょう。ドイツの詩人シラーも納得です。

シラーは『人間の美的教育について』で次のように語っています。

人間のあらゆる状態の中で、まさに遊戯こそは、ただ遊戯だけが人間を完全なものにします。人間は美といっしょにただ遊んでいればよい、ただ美とだけ遊んでいればよい、人間はまったく文字どおり人間であるときだけ遊んでいるので、彼が遊んでいるところでだけ彼は真の人間なのです。

シラーは、人は遊戯において完全な人間となるというのです。美とだけ遊んだら、「遊《あし》びぬ美《ちゅ》らさ」でしょう。御先祖様たちは、美的思想があったかどうかは知りませんが、遊びの極致が「美」であったことは、彼らが証明しています。さらに、遊びの集団美ですね。共に美を分かち合う遊びにおいて体現する集団美、しかも三線つきです。

民謡の「遊《あし》び庭《な》」（前川守賢）には、次のようなくだりがあります。

遊《あし》び庭《な》や　でぃかしなむん
御万人《うまんちゅ》うち揃《する》ってぃ
手拍子合わちょてぃ　ヒヤミカセー
みるく世果報《ゆがふう》　まにちゅんどー

説明は要しません。みるく世果報は、幸福と読み替えましょう。幸福を招きよせるよ、という意味です。みんなで楽しく遊ぶことの結論ですね。健全そのものです。

私はこの事から、健康を考える三つの要素を引き出すことができます。

一つには、健康の内容です。健康を、美としてとらえるということです。遊びとしてとらえることです。芸としてとらえることです。踊りとしてとらえることです。唄としてとらえることとです。ひっくるめて文化としての健康という概念です。

二つには、人衆（グループ）です。健康を考える時は、集団的取り組みが必要ということです。グループ・ダイナミックス（集団力学）を取り入れる必要があります。グループワークも必要です。健康を集団としてとらえる視点が必要になってきます。

三つには、「遊び庭」といわれるように、そろって遊ぶ場の大切さです。集団活動の場が必要です。公民館もその場の一つです。クルト・レブィン（心理学者）の「場の理論」も検討してみる必要があるでしょう。

以上の、三拍子そろった、三位一体の健康論の必要を痛感します。

生涯学習のあり方の反省を

現代は、生涯学習花盛りです。そのほとんどが講座制です。たとえばシニア向けだと「健康講座」と称して、健康に関するさまざまな専門的知識を聞かされます。受講者は、その道の専門家から詳しい健康に関する話をいっぱい聞いています。大変ためになりましたと感激するのですが、その後はどうなったのでしょうか。その場で感動しても、家に帰るとすっかり冷めてしまいます。なかなか実行にまでは至りません。聞いた分は賢くなったのはいいことです。

しかし、聞きっぱなしの生涯学習は、そろそろ反省しなければなりません。実践しなければ、何の成果もあがりませんからもったいない話です。そこには問題があるようです。

「各人家庭で、一日〇〇回すれば、健康になります」といわれて実行するのですが、三日と持ちません。意思はあっても体が動かないのです。一人でやるとなると、難しいものです。マラソンなどはみんなでやりますから、みんなに引かれてワイワイ楽しくやれるのです。

何事も実行・実践が大事です。そのことは、耳にタコができるほど聞きました。では、なぜ実践しないのでしょうか。生涯学習もそのことを問題視して、講座のあり方を変える時期に来ているのではないでしょうか。

私たちが開講を予定している海洋シニア移動大学は、ほとんどがみんなの知恵を集めて自分たちで実践することを通して学ぶ式です。自主的・自発的に活動を組み立てます。誰も教えてくれません。シニアの年齢になるまで、ため込んでおいた能力をお互いに出し切って集団で活動していきます。

人は、ストレスを吐き出して安堵します。能力も発揮して満足するのです。みんなでワイワイすれば楽しいものです。そう、集団式実践活動です。グループ・ダイナミックス（集団力学）です。集団の力をかりて学習するのです。自分、みんなが学習の主役（主体）です。生涯学習は、みんなでワイワイ騒げば面白いものです。遊んでいる子どもたちをごらんなさい。

それだけでは、問題は解決しません。グループ（集）で学ぶ喜びは、みなさんが集まったからすぐできるものではありません。やはり、グループをリードするリーダーが必要です。リーダーの手助けの下にグループが煮詰まってきます。動き出すと、リーダーは必要ありません。自分たちで率先して活動を楽しく展開していきますから。リーダーは、エンジンを始動させるドライバーに似ています。エンジンをかければ、あとは自動的に動き出すものです。ドライバーは、目的地まで車を誘導して走らせればいいのです。

専門的なグループ学習には、ドライバーの役割を果たすリーダーが必要です。活動の「仕掛け人」が必要なのです。それがリーダーとかコーディネーターといわれる人の役割です。いわゆるサポーターです。集団をうまくリードする役目です。

ガンジュウリーダー養成機関設置を

健康増進の知識・技能を持ったガンジュウリーダーかコーディネーターが必要です。そこで、リーダ（人材）を養成する機関として、ガンジュウ城《グスク》アカデミーに海洋シニア移動大学を併設する構想を持っています。カリキュラムは、主に次の内容です。
①　専門的な知識に関する講座
②　実践的な技術に関する講座

③　集団を創造的にまとめていく創造技法講座
④　プログラムの開発、プロジェクト開発の講座
⑤　自己啓発の講座
⑥　集団で楽しく活動を展開していくグループワーク講座・活動方法論
⑦　ガンジュウの内容を組み立てる講座
⑧　健康メニューの献立表作成講座・充実したガンジュウ献立表の作成

健康を目的として、どのような健康献立を考え、小グループでどのように展開したらよいか、グループメンバーの自発性を高め、自立的なグループ活動を作りだしていくコーディネーターの養成は急務です。

ガンジュウリーダーの資格制度を

私どもの施設で一定の養成講座が終了すれば、ガンジュウリーダー資格を与えることにしています。この資格は、社会で法的に規定された資格ではありません。職業としての資格でもありません。高度の能力と技能に対する資格証明書です。

それは、どのような有用性があるのでしょうか。

その資格を持つことで、公民館やコミュニティーセンター、各種教室や行政や民間等が開

いている講座等で、集団づくりの指導や講座のサポーターとして、活躍する機会に恵まれるでしょう。地域のミニグループ作りにも最適です。

それよりも重要なことは、公民館や施設等を利用して、ガンジュウ自主講座を開くことが大切です。地域に、楽しい健康グループをたくさん作りましょう。健康グループづくり、これが今国あげてもっとも必要とされているものです。各地に、自主的に健康ミニグループができるお手伝いをするボランティアが必要です。いわゆるヘルス特派員です。ガンジュウリーダーは、健康特派員のことです。

現在は社会的に職業として認定されていませんが、いずれ介護士や社会福祉士などと同様な資格が与えられると期待しています。四人に一人の老人人口時代です。急増する高齢者のチンダリ病の予防は、どこでするのでしょうか。生活不活発病対策は緊急の課題です。高齢者をテレビに介護させ一人でチンダリ暮らしさせないで、社会の仲間、コミュニティーのメンバーとして、活動し生きる喜びを与えてあげたいものです。そのためにも、アクティブシニアの社会活動は重要です。単に健康回復だけでなく、社会の仲間として元気よく活動するシニア社会を構築したいものです。そのためにも、ガンジュウリーダーの健康派遣制度が確立されていいのではないでしょうか。

アクティブシニアが地域を変える

私は以前から、「シニアパワー戦略研究所」なるものを立ち上げようかと、アクティブシニアの元気な活動に注目していました。どこにでも元気なシニアがわんさといるものです。これこそ大事な社会資源です。しかも相手は無職で自由で、体は十分あいています。頭脳も、六〇年以上のジンブン（知恵）が蓄積されています。お金はなくても、精神はいたって健康です。このアクティブシニアをどうしましょうか。ほっておいては宝の持ち腐れです。

社会では、リタイア、リタイアと使い古したタイヤのように、粗大ゴミ化して呼ぶふしもありますが、忙しい社会の現役組は、地域社会・コミュニティーに足を踏み入れる余裕さえなく、あくせくと働かされています。そのうち、いずれは、私たちの仲間に入ってくるでしょう。

今地域はがら空きです。形として老人会、婦人会、青年会はありますが、開店休業の状態のものもないでしょうか。そういう行政的仕組みは陰りが見えます。それで、地域を活性化するのは土台無理でしょう。そのことは、行政担当者がよく知っているはずです。

地域婦人会、かつての全国の大型婦人会、地婦連から農協婦人部、農山村の婦人部などを見ておりますと、支部組織をもつ大型団体は時代とともに形骸化の一途をたどっています。

会員はみな高齢者、役員も高齢者ということで衰退の傾向にあります。

変わって登場してきたのが、若い女性たちの自主的なミニグループです。一九八〇年代から、草の根の自主ミニグループが、雑草のような勢いで生まれました。

このミニグループの勢いは現代でも止まりません。生涯学習で育った若い女性たちの勢いです。女性が元気いいのは、自主的な女性グループ活動をしているからだと思っています。最近この自主グループの勢力は、NPOへと発展していくグループもあります。ちなみに、現在わが国のNPO団体の数は五万を越えました。沖縄県は五八一 団体が認証（平成二七年四月）されています。十五前までは、認証されました沖縄のNPOは、おおよそ二〇団体余でした。しかし、十五年たった現在では五八二団体に膨れ上がっています。今では新聞紙上でも、NPOの記事が目につくようになりました。「これからの社会はNPOが変える」というのがドラッカー（『ネクスト・ソサエティ』）の持論です。

激増する高齢化社会はどうでしょうか。

シニアこそミニグループが必要です。助け合いが必要です。一人では何もできなくても、グループだと助け合って行動を起こすことができるのです。グループホームを連想しがちですが、アクティブシニアグループのすごさは、幸寿大学校やかりゆし長寿大学校にかかわっている私に強烈な印象を与えてくれました。おかげで、海洋シニア移動大学を開講する気持ちにもなったのです。

これらアクティブシニアたちに、ガンジュウリーダーになってもらいたいものです。アクティブシニアたちによって、地域を活性化する可能性は最も高いといってよいでしょう。健康を中心とした、健康なミニグループ、自主グループが草の根のごとく増えれば、シニアは地域の太陽になることでしょう。コミュニティーは再生されます。いな、リハビリテーションされるのです。

千の公民館に広げよう

元気なシニアは、高齢社会の旗手です。地域の太陽です。隠居するにはまだ早すぎます。高齢社会で活躍してもらってもいいのではないでしょうか。子や孫たちのためにも。住みよいコミュニティーづくりの主役として、社会貢献しましょう。

シニアのガンジュウリーダーを大量に育て、やりがいと生きがいを持たせようではありませんか。地域公民館を中心にして、公・民連携で地域の活性化に一役買ってもらおうではありませんか。

それは、千の公民館に広げる活動です。千人のアクティブシニアがおれば、地域は変わります。変えられます。地域老人会も協力連携してくれると、沖縄は再び長寿日本一に返り咲くでしょう。日本は世界の長寿トップ国ですから、沖縄が再び長寿日本一になれば世界一でゴールドメダリストです。

かつて、沖縄は長年世界長寿のトップにいましたから、沖縄が世界的な長寿モデルを示すことはそう難しいことではありません。

世界長寿のモデルを創りましょう。長者《ちょうじゃ》ぬ大主《うふぬし》とともに。

三　草の根ガンジュウ倶楽部を作ろう

宮里好一

宮里式GANJU《ガンジュウ》社会構想

かつて私は、健康を主軸とした地域創生のモデルを志向してきました。そこから生まれたのが、宮里式GANJU社会の構想です。

この構想の本丸は「東アジア健康未来都市GANJU タウン 建設構想」というものです。その構想は、沖縄から世界への総合（統合）医療のグローバリゼーションが基本になっています。総合医療の国際モデルです。

タピックの総合・統合医療の立場は、グローカルな立場です。つまり、グローバリゼーション（世界普遍化）とローカリゼーション（地域限定的）を重視して、地球規模で考えながら、自分の地域で活動を展開する考え方です。逆に地域に立脚しつつ世界規模の医療を志向し展開する立場です。

そうした立場は、地域のコミュニティーを最も重視しています。地域の公民館に注目しているのは、そこに地域のコミュニティーが集約されているからです。行政は公民館を、行政執行上の便利な機関（地域住民と行政との接点）でしょうが、タピック医療からすると、地域医療の重要な拠点だということです。（宮里・比嘉共著『タピックの新医療革命』）

公民館再生（地域活性化）のカギは、両者の相互連携にあると考えます。地域住民の心身の健康は、医療とのかかわりを抜きにしてはあり得ないと考えるからです。

その観点から、地域のガンジュウ（ＧＡＮＪＵ）社会、ガンジュウコミュニティーを地域レベルに展開することが、私の構想の基本です。その拠点となる公民館に注目したのです。

ガンジュウ（ＧＡＮＪＵ）――新しい健康概念

ガンジュウ未来都市構想には、私の哲学なるものがありますが、それらを基盤として生まれたのがガンジュウ（ＧＡＮＪＵ）という概念です。

ガンジュウとは琉球語で、健康、堅固・頑丈な、しっかりとしたという意味です。個人、沖縄社会、日本、東アジア、そして世界が、病気や災害、環境問題を乗り越えて、ガンジュウ（健康）をともに目指すという見識と決意を包含した概念です。単なる健康ではありません。その背景には、「沖縄には、戦争、貧困、飢餓、伝染病、民族問題、高齢化という人類共通の課題を経験しそれを乗り越えるべく努力を重ねている歴史があり、東アジアにおける地理的中心性を有する地域のひとつである」という考え方がベースになっています。ですから、ガンジュウ（GANJU）は、単なる琉球語ではなく、アジア共通の健康言語（概念）として定着させたいと思っています。

ガンジュウを一言で「健康」というのではなく、ことばそのものに意味づけをしました。

GANJUの、

Gは元気

Aは明るく

Nは仲良く

Jはジンブン（知恵）

Uはウマンチュ（万人）

「元気で、明るく、仲良く、みんなで知恵を出し合う」ことが健康というガンジュウの意味です。逆さ読みするとよく分かります。「みんなで（万人）、知恵を出し合い、仲良く、明るく、元気はつらつ」ということになりましょう。

ガンジュウには、健康の要素が含んでいます。

元気は、健康の源です。

明るくは、心身ともにさわやかです。

仲良くは、コミュニケーションと絆の喜びです。

知恵とは、聡明・活性化です。

万人は、仲間・集団、コミュニティーです。

健康は、これらの五つ要素によってもたらされるものです。その健康概念は、個人の健康と他人の健康（集団）が組み合わさっています。ですから健康は、自分でもつくりますが、みんなで知恵を出し合い、力を合わせて作り出すというグループ・ダイナミックス（集団力学）を含んでいます。みんなで作りだす健康という総合（複合）概念です。

ガンジュウスピリット

いわゆるガンジュウ精神、ガンジュウの理念のことです。そのスピリットも、ガンジュウに尽きるというのが私の理念です。

前にあげた五つの要素が、そのままガンジュウ精神（スピリット）です。

理　念

いつも元気で明るく、仲良く手を取り合って、知恵を磨き皆（万人）で作り上げる楽しいガンジュウ活動を通して、心身の健康の増進、個人の充実、グループの満足、そして共に育ち、共にコミュニティーを作り、健康で豊かな住みよい地域社会の形成に貢献するという理念です。

ガンジュウ企画づくり

ガンジュウのプログラムやプラン作成、あるいはガンジュウ・プロジェクトを企画する場合にも、宮里式ガンジュウ五段階法をもちいます。つまりガンジュウそのものが企画・立案する場合の五つのステップです。プラン作成の、

第一ステップ「G元気」プランの作成全体を、元気なプランに工夫すること。
第二ステップ「A明るい」常に明るいプランに心がける。
第三ステップ「N仲良く」常に皆の楽しみを考えて計画する。
第四ステップ「J知恵」知恵をしぼってアイデア・企画案を考える。

第五ステップ「U万人」全体の視点で総合的に立案する。

それぞれのステップには、さまざまなノウハウがあります。たとえば、元気なガンジュウというのは、どのようなガンジュウのことをいうのか、さまざまな立場からみてみる必要があります。そのための検討するマニュアルもあります。すべての段階についても、それらを解決する知恵袋があります。それらは、学習や訓練によって習得することが可能です。

みなさん集まって、いきなりガンジュウを始めましょうといっても、何から手をつけていいかわかりません。いくらかでも学習やトレーニングを積んでおれば、それを手掛かりとして創りだすことは可能です。したがって、コーディネーターの養成が必要になってきます。

ガンジュウパーソナリティーの形成

みんなでガンジュウ活動を楽しむことは、その経験を通して新たな人格（性格）が形成されていきます。ガンジュウパーソナリティーは、どんな人格なのでしょうか。これもガンジュウそのものが、ガンジュウパーソナリティー（人格特性）だといえます。

つまり、元気で明るい性格で、友達づき合いは仲良く、聡明でみんなの幸せを考える性格ということになります。聡明で明るい人格です。他の信頼を集めることでしょう。

ガンジュウリーダーの態度

ガンジュウリーダーの態度とは、ガンジュウそのものです。人を指導する立場にある者は、ガンジュウ的性格を持っていなければなりません。

いつも元気で、明るく、みんなを大事にし、聡明な判断力をもって、全体を見渡し指導する態度でなければなりません。

ガンジュウこそはコミュニティーの要です

コミュニティーを構成する要素は、やはりガンジュウです。つまり健康なコミュニティーは、元気で、明るく、仲間同士和気あいあいとして、みんなの知恵を集めて、万人全体が統括されている組織こそは、理想的なコミュニティーの形態です。ガンジュウは、コミュニティーの要ともいえます。

合ことばはガンジュウ

さあ、今日も頑張ろう。「チャ、ガンジュウ」
お元気ですか。「ガンジュウナー」「ガンジュウヤミ」
元気だよ。「ガンジュウデービル」
さあー元気で行こう。「ハイサイガンジュウ」

ガンジュウ紳士・淑女

このことを最初に述べるはずでしたが、最後になりました。つまり結論ですから、最後がいいでしょう。

いわゆる心身共に健全な身体になることです。体重のコントロール、コレステロール、体脂肪の除去、血圧の調整、メタボの解消、運動神経の発達、正しい姿勢、みちがえった体になるのではないでしょうか。女性は、昔の衣服が着られてうれしい。男性はよたよた歩きが軽快になり爽快。みんないいことずくめです。

病気知らずに、喜ぶのは厚生労働省。医療費の軽減に貢献できることは、社会貢献のひとつではないでしょうか。

ガンジュウは普遍概念

ガンジュウという言葉は、いわゆる普遍概念です。普遍とは、ひろく行き渡りどの場合にも当てはまること、という意味です。その点から、ガンジュウは、理念として、企画・立案にも、また人格（性格）とリーダーシップや組織論にも共通に通用する概念です。ですから、普遍的健康概念としての「ガンジュウ」は真理として、その内に思想・哲学を内包しているのです。

みんなで作ろう　ガンジュウ社会・楽楽ガンジュウ倶楽部

いわゆる健康コミュニティーです。健康クラブです。

健康をみんなで、元気よく明るく、そして仲良くユンタクしながら楽しくやることです。これなら、あきはきません。一人だと、三日坊主です。健康器具もほこりをかぶっています。ダイエット薬品も、飲まずにだいぶ残っています。どうしましょう。

幸寿大学校の講義風景　グループ学習

幸寿大学校の講義風景　グループ学習

楽楽ガンジュウ倶楽部には、楽が三ついていますから、誘惑に駆られます。ガンジュウというのは、別の意味ではコミュニティーです。みんなで元気よく明るく仲良く健康づくりの場は、健康コミュニティーです。長続きするでしょう。

ガンジュウ自主グループ（五名～一〇以内）は、ミニグループです。最近は、このミニグループが増えているのが社会の特徴です。草の根のグループは、何時でも自由に、思い思いに活動できる小集団です。健康ブームの現代、草の根のガンジュウグループを作ることも一案ではないでしょうか。

草の根の自主グループ・ミニグループが発生した理由は、行政主導型の団体や大型集団からの離脱があります。行政主導型のグループ活動は、何かと制約が厳しいのと、組織の役割と義務が付きまとい自由に動けないと、若い人から嫌われる傾向にあります。そうしたグループから抜け出した人々が、自主的に仲間同士で作り出したのが、自主グループです。全国的にその勢いは止まりません。

公民館を、楽しいガンジュウ自主グループづくりの場にしては如何でしょうか。ただちにミニ活動集団によるミニコミュニティーが出来上がります。こうしたガンジュウグループを増やすことによって、ガンジュウ社会の実現を目指しています。その実現には、ミニグループの作り方のリーダー（コーディネーター）が必要です。

自らがガンジュウグループづくりの創造者になろう

既存にないものを創るにはまず「創造すること」から始まります。

とりわけシニアにとって、新しい集団づくりや組織づくりをする場合、する前に課題があります。人生六〇年余かけて築いてきた「古いカラ」の一部を壊して、新しいことをするという革新的（イノベーション）な勇気が必要です。その勇気とは「創造する」ということです。自分の中に新しい風を入れることです。それをグループで行えば、みんなの力を借りて新たな自己に出会うのです。

そういうことで、創造的態度でガンジュウづくりに努力することが最も大事です。さあ、挑戦して見ましょう。

ガンジュウ大作戦

問題提起
シニアのガンジュウ戦略には、大きな課題と解決の目的があります。大きな課題は、リタイア後の「シニアの居場所」の問題です。高齢者になっても、シニアが社会の中で豊かに暮らせるように、シニアのコミュニティーづくりと社会参加（ボランティア）活動や社会起業家の実現です。その実現のために、行動を起こすことが大作戦の目的です。

人生ライフスタイルと新ガンジュウ社会の構築

図4（人生ライフスタイル）は、人生のライフスタイルの過程一覧のマップです。順を追って説明しましょう。

現役時代

現役時代は、家族に恵まれ子育てとコミュニケーションがにぎやかでした。職場では一生懸命に働いて家族を養うために働きました。そして、地域社会の団体の役員もしました。組合や組織のメンバーとして役割を果たし、社会活動に参画しました。

退職時代

退職により、職場との縁はプッツリ切れました。役割組織からも離脱しました。社会との縁が切れてしまいました。

他方、子どもたちも大きくなって、それぞれ独立して親離れしていきます。

図４　人生ライフスタイル

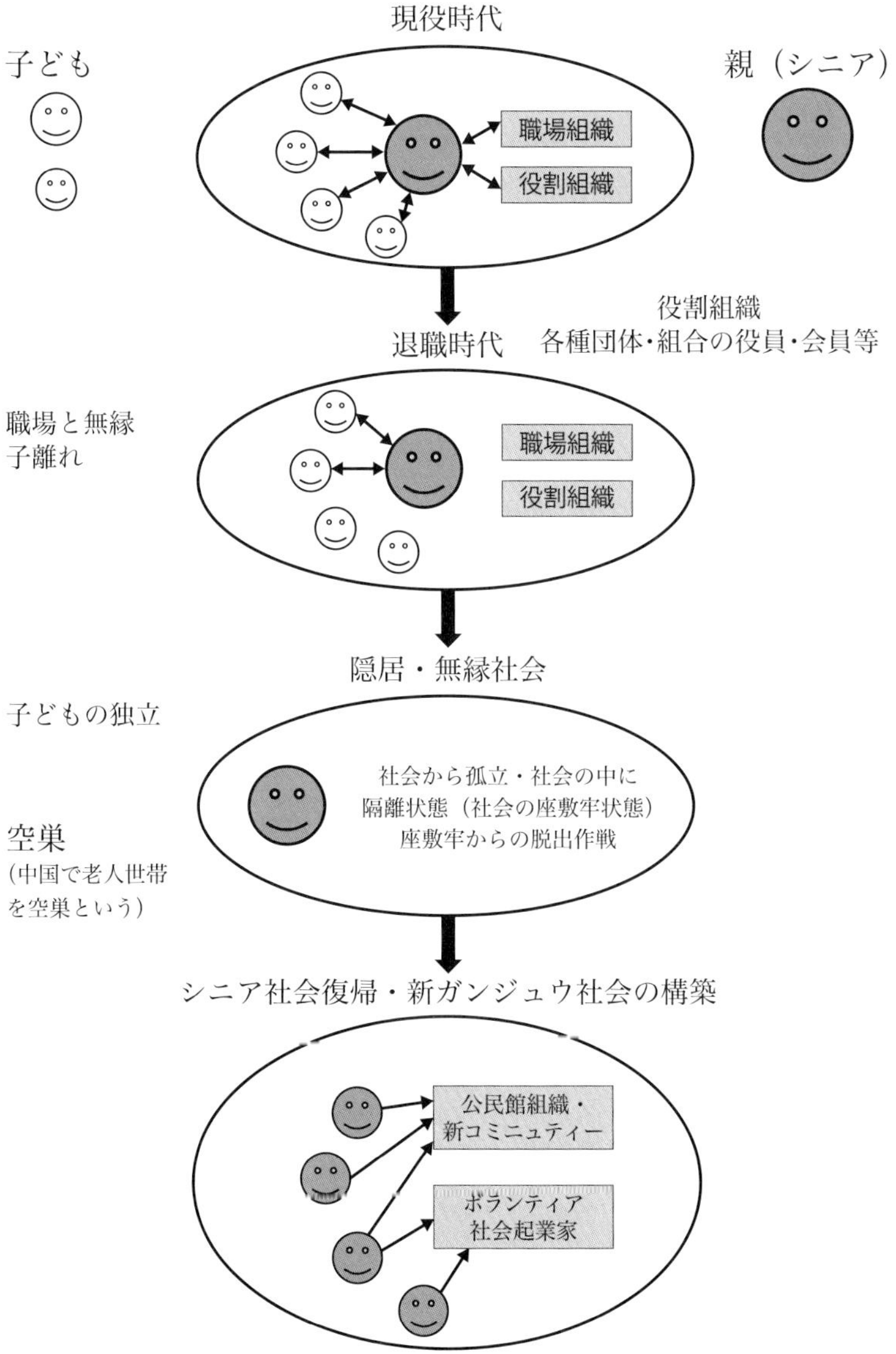

隠居・無縁社会

とうとう子どもからも親離れされて、家の中は空っぽになりました。中国では、老人夫婦の家のことを「空巣」と呼んでいます。社会から孤立してしまい、社会的離脱状態になりました。いわゆる「独居老人」です。社会の片隅に独居している老人は、ある意味で「社会の座敷牢」にいるようなものです。鉄格子はありませんが、心理的鉄格子を感じさせます。それは社会が意図的にそうしたのではありません。しかし現代社会は、自他ともにそうした傾向にあります。それは現代の「楢山節考」でしょうか、命があるだけいいのかもしれません。とはいっても心は死にかけています。

無縁死三万二千人『無縁社会』(「NHK無縁社会プロジェクト」取材班)に、底冷えする衝撃を覚えます。このまま黙って「沈黙死」するわけにはいきません。

この隠居・無縁社会で問題なのは、そのままにしておくと、生活不活発病になってしまうことです。それを何とかしなくてはなりません。私どもの戦略の中心もそこにあります。

シニア社会復帰——新ガンジュウ社会づくり草の根革命

職場も役割組織もなければ、シニアはシニアなりに、新たな社会復帰を目指すべきでしょう。それは「ガンジュウ」を目的とし、ガンジュウづくりが「コミュニティーづくり」と「ボランティア活動」、「社会起業家」になって収益を上げることのできる、ガンジュウ社会の実現を目指して立ち上がることが大切です。

何も今さら、という声が聞こえてきます。何も大げさなことをする必要はありません。シニアのほとんどが、健康要注意人物ですから。よたよたしながら革命なんか起こせません。まずは、自分がガンジュウになる努力から始めましょう。とはいっても、一人だと実行不可能な状態です。人は「自分に一番甘い動物」ですから、すぐあきらめます。そこで、集団の力を借りで、ワイワイゆんたくしながら実現しましょう。

五名から一〇名のグループで集まって、公民館でゆんたく集団を作りましょう。金も要らなければ、場所も無料、専門家もおりません。みんなが主役のグループ・ダイナミックス（集団力学）です。集団の力を合わせて騒ぎ出すと、いつの間にか生活チンダリ病もなおり、ガンジュウになります。

そうすれば、公民館にガンジュウコミュニティー（仲良しグループの場）が出来上がります。そんなガンジュウグループをタンポポの綿毛のように、あちこちの公民館でやればいいのです。

しかしそうはいっても、やる気持ちがあっても、なかなか行動する決意や意欲が湧きません。どうしましょう。そのために、シニアのためのガンジュウリーダーを養成しましょう。

ガンジュウ運動の三点セット

① ガンジュウリーダーの養成― 五、六人から三〇人を指導できるリーダーを養成します。養成については、後方で説明しています。
② ガンジュウ運動の場づくり― 各地域の公民館を中心に、活動の場を確保します。
③ ガンジュウ自由運動支援作戦― 公民館の区長さんや行政の支援・サポート体制を整えます。

ガンジュウ集団の目的

その目的は二点あります。

一点は、集団行動（学習）を通して自己啓発を目指します。人格変容によって、新たな創造的な人格が形成されます。新たな自己の発見です。

二点は、集団活動を通してコミュニティーをつくります。いわゆる仲間集団の居場所です。

この二つの目的を、集団学習方式でつくりあげていきます。（詳しくは後述しています）基本的にこの二つを実現しますと、ガンジュウなシニアは意欲が湧いてきます。その結果が「社会起業家」を目指す人と「ボランティア活動」を目指す人にそれぞれ分かれて、活動していきます。まさに高齢者の社会復帰・社会参画です。

ガンジュウリーダーの二つの指導体制

図5（ガンジュウリーダー二つの指導体制図）に説明されていますように、二つの指導方式があります。

一つは、エンカウンター・グループ・ダイナミックス指導法です。簡単にいえばリーダーを囲んだミニグループ方式です

二つ目は、二〇〜三〇人の集団を対象とした、分団統合式指導法です。図表の説明を読みましょう。

以上が、ガンジュウシニア大作戦のアウトライン（骨格）です。大などと大げさな表現ですが「大人」がやることです。大をつけましょう。頑張りがきくかもしれません。

図５　ガンジュウリーダーの２つの指導体制

①　エンカウンター・グループダイナミックス指導法

リーダーはファシリテーター(触媒役)に徹する
(1)1 グループを３ヶ月〜１年間コース
　３ヶ月コース　　６ヶ月コース
　１年間コース
(2) 各コースのプログラムをガンジュリーダーを中心に企画立案する。
(3) みんなで企画したプログラムを実行する。
(4) 個と集団のバランスをとる。
(5) リーダーは創造技法マニュアルを使用する。

②　分団統合式指導法　(公民館に 20 〜 30 人の受講生の場合)
リーダーは主導的役割を果たす

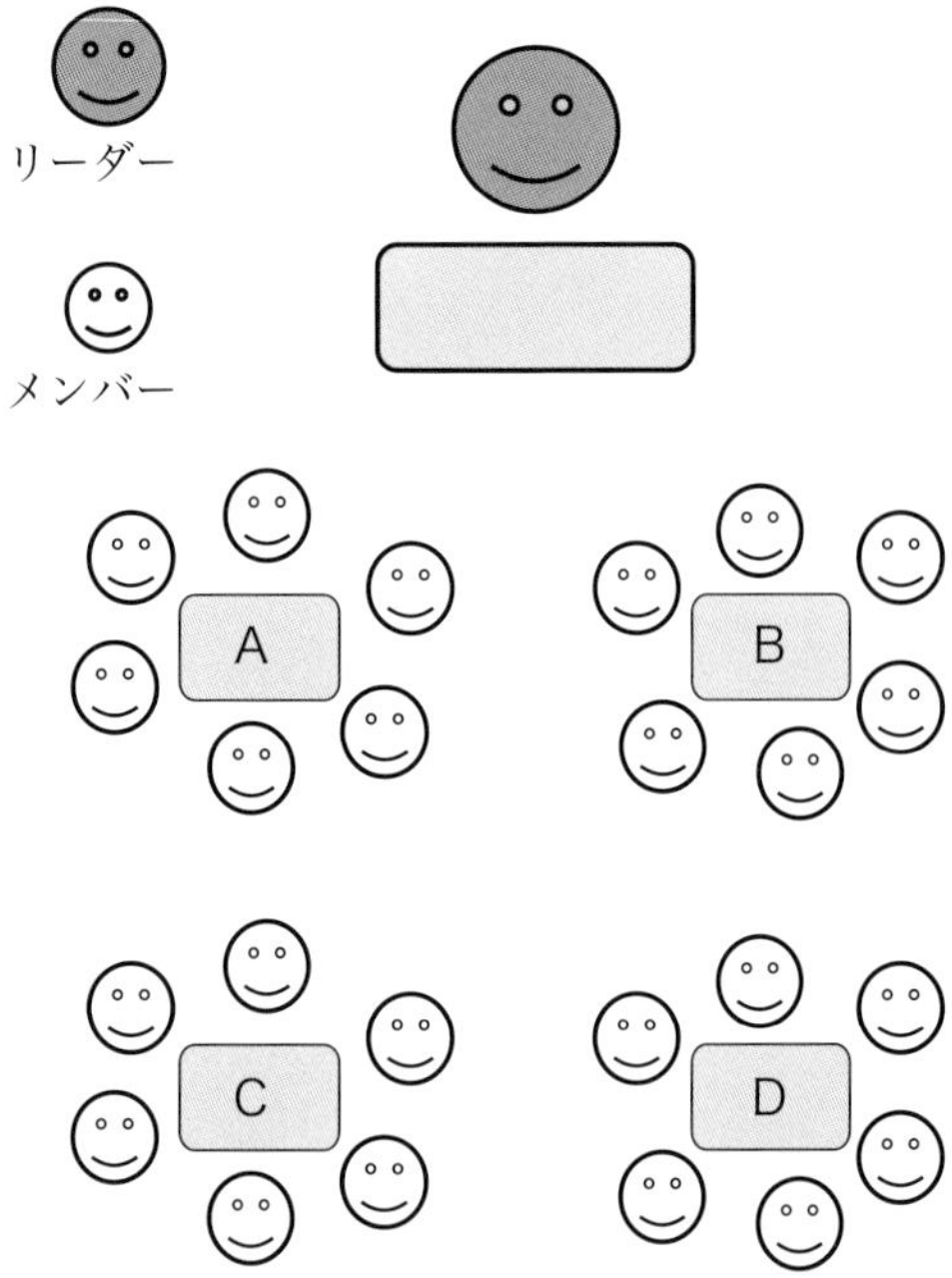

１ラウンド90分
テーマを設定する
各グループに分かれ
ブレーンストーミング
30分(BS)
30分(各グループ発表)
30分(まとめと、リーダーのアドバイス)
数回繰り返して行う

２ラウンド90分
グループ替え
ランダムにメンバーを変える
新しいグループで
スタート(前回と同じ)

３ラウンド
ゆんたくラベル法で
まとめと創造的問題解決法を身につける

第二部

生きがいのある自前の学習づくりと社会活動の展開

四　ガンジュウで創造的な生き方を目指そう

比嘉佑典
宮里好一

チンダリ病を治すには創造力を身につけることが大切です

ローマ神ヤヌスは、二つの違った方向を向いた顔を持っています。「二つの対立する考えを同時にとらえることができる能力」（ローゼンバーグ・精神科医）だといっています。

ノーベル物理学受賞者の江崎玲於奈博士も、変革や自発的に自己改革していくパラダイムに、双頭のヤヌスを持ち出しこう述べています。「ヤヌスは二つの顔を持って洞察力にすぐれ、抜かりなく事物の表裏を突き止める力をもっています。」その力で、変革を指向すべきだといっています。

そこで私たちはいいたいのです。

「シニアは心にヤヌスを抱き、手には創造のナタを持ち、創造のナタで己の内なる怠惰を切り倒し幸福の城を築け！」

チンダリ病を根底から叩き直すには創造のナタが必要です。ナタは両刃の剣です。チンダリを切り捨てると同時に健康を作り上げる力があるからです。

二つの顔を持つヤヌスの神（写真：ウィキペディア(Wikipedia)より）

シニアとってなぜ創造が必要なのか

シニアは自由人です。職場や地域社会の役割を終えた今、シニアにとって自立することこそが最も大事な課題です。創造は自由から生まれます。自由を本性としているからです。シニアにとって創造の必要性を5点ばかり上げておきました。

① 自立して自身の力で自己の人生を新たに開発していくには創造力が必要です。他人に頼

ることなく、独立独歩でわが道をゆくところに創造性が輝き、個性豊かな人格の形成が実現するからです。

②　定年を迎えたシニアは、最も自由で創造的になれるチャンスがあるからです。

③　最高の喜びは創造的行為から生まれます。創造の満足は他の比ではありません。その喜びと感動がその人を変える力（変革力）を持っているからです。

④　したがって創造は、人を悟りの境地に導きます・直観力・インスピレーション。天の声を聴く力があります。そのことを通して「悟り」や「自己変革」を実現するのです。

⑤　深い感動は創造愛を生み出します。創造愛は、愛さずにはおれない生命全体から湧き出る至福感です。創造者（自然・神）のごとく自己を超越した無償の愛を手にするからです。

人生の総仕上げは、生きることが創造です。このような創造活動を行うことによって、自己の人生を豊かにしたいものです。

集団的創造はガンジュウのふるさとづくりの原型

愛着としての居場所づくり、集団的創造づくりこそは、本書全体の究極の目標です。集団で知恵を出し合って何かを（目的）を達成するところに、コミュニティーが出来上がります。集団で創造するということは、みんなの知恵を出し合っていろいろ話し合いをくり返しながら目的をグループで創り上げます。その目的をみんなの力で達成する努力を重ねていきます。その結果集団の結束で目的を達成（実現）します。その喜びはみんなのものです。共同体感覚の感動です。さらに、強固な集団（コミュニティー）が出来上がります。

創造的に説明しましょう。

集団的創造では、みんなの知恵を出し合ってユンタクすることを、ブレーンストーミングといいます。次にそこで決まったテーマ（目的）をみんなで実現していく課程を、創造的問題解決過程といいます。この問題解決の創造過程が最も大事です。その過程で悪戦苦闘もあります。楽しみもあります。夢を実現する努力などが重なって集団が「結束・団結」していきます。それを集団凝集性といいます。団結とみんなの力で目的を達成すると、喜びと感動が全員をつつみこみます。そしてみんなの目的が創造されたのです。

そうした結果、何が有用な結果をもたらしたでしょうか。

第一に、イモを洗うように集団の中でもまれた個々人が、創造的自己実現を果たしたことです。

第二は、集団の成長です。集団的凝集性が実現し、結束の固いグループが出来上がります。

第三に、集団の努力によって集団規範が創造されたのです。それを創造規範と呼びましょう。この規範は他から与えられたものではなく、集団自らが創造した規範です。

第四は、その集団は、集団的凝集性によって一つの「場」を形成します。その場にこそコミュニティーは形成されます。

まとめますと、個人の創造的自己実現と集団の団結とそれを通した目的と規範が創造され、結果としてコミュニティーが出来上がったのです。四つの成果です。

個人の喜び、集団の喜び、コミュニティーという安らぎの居場所、そこは第三の心のふるさと・愛着としての場になるというのが私たちの持論です。そこに思い出深い集団的創造的愛が生まれます。素晴らしいのは、自分たちでコミュニティーを創り「創造愛」にまで育てたという充実感です。

集団の力をかりて頑張ろう——創造的グループ・ダイナミックス

一人で悩んでいるときは、それを集団に持ち込んで集団で悩むといいですね。そうすると、集団の力（グループ・ダイナミックス）がはたらきます。「赤信号（頭のモヤモヤ）、みんなで渡れば（話せば）怖くない」いいアイデアが浮かぶのです。その力が集団的誘発性です。

集団の力動性といいます。

子どもは集団遊びが大好きです。彼らは集団の力動性・集団凝集性（個人を集団に留まらせるようにはたらく力）を感覚で知っているのです。集団で燃え上がる方法を心得ています。

この集団（グループ）で出した爆発的なアイデア思考を、専門用語では拡散的思考といっています。アイデアが拡散していきます。そこの中から、まとめていく収束的思考がはたらきます。ばらまいたアイデアを、かき集めて一つの束にまとめるのが収束的思考といいます。

収束した結果、そのモノに絞って、創造的問題解決の仕事が始まります。

集団創造性の意義——爆発的集団知力

ローレンス・ハルプリンは、テーキング・パート・ワークショップという方法をつくり出しました。いわゆる集団創造性の開発を目的にしたものです。集団活動によって、個人が考えるよりもすぐれた創造性をひき出そうというものです。

その結果そこから見出された特徴は、集団の持つ創造性のみならず、一般に集団を形成していく場合の集団力学の典型を示すものでもあります。その特徴を見てみましょう。

①　集団創造性は、個人創造性よりもすぐれた力を持っている。

②　自らの意志で物事を決めたいという満足を味あわせることができる。
③　集団のメンバーが、一緒に活動することによって体験を共有できる。参加したメンバーがお互いにコミュニケートし、伝達されるものは全員に理解される。
④　集団の中で、各自が自己表現するやり方を学ぶことができる。
⑤　様々な人々が、新しい共通の体験に基づいて意志を伝達し始め、お互いに歩み寄って共通の問題を解決することができる。
⑥　言語以外の適切なコミュニケーションの方法を学ぶ。
⑦　それ自体、独自の、有機的な形とエネルギーを持つようなダイナミックな共同体を創り出すことに努力する。
⑧　集団によって目標が明確に決められ、プロセスはこの目標によって影響を受け、導かれる。
⑨　メンバーの知的能力を結集し、新しい民衆的交流の方向を示すことができる。すなわち、大衆の参画によって目標を実現しようとする。

私たちは⑧に注目しています。「集団の目標によって影響を受け導かれる」ということです。それは別のことばでは、集団規範のことです。規範は、人間が行動したり判断したりする時に従うべき判断基準です。一種の掟のようなものです。自分たちで創造した規範です。

ですから「創造規範」と名付けました。自分たちが手塩にかけた規範ですから、みんなでそれこそ大事にします。それは、集団全体が創り出した個々人を超えた《第三の力・カミ》といってよいでしょう。それは個々人の生き方の基準となるために、みんなの力で創り出した貴重な規範だからこそ、守り育てる「創造愛」にまで昇華されるのです。

創造的な人とはどんな人でしょう

創造的人間に共通している十二の特徴

①　柔軟性がある。
②　感受性が強い。
③　新しい考え方を受け入れる心の余裕がある。
④　性急に結果を求めずに、中途半端な状態にも耐えられる。
⑤　アイデアが豊富である。
⑥　雑然とした雰囲気を好む。
⑦　優れたカンや直観力がある。
⑧　個性的である。

⑨困難を乗り切る強い意志の力がある。
⑩リスクを恐れない勇気がある。
⑪好奇心いっぱいで、いつも「なぜ?」と疑問を持っている。
⑫遊び心にあふれている。

まとめますと、好奇心に富み、柔軟でアイデアマンであり、直観力に優れ困難を乗り切る意志力と勇気のある人です。こんな創造的人間でしたら、己の生活不活発病は吹っ飛ばしてしまうでしょう。

毎日の習慣にしたい創造力のための十ケ条

①もっと冒険をする。
②夢の忠告を聞く。
③のんびりする時間をつくる。
④シンプルな生活を心がける。
⑤「平均」にまどわされない。
⑥進んで人を助ける。

⑦　自分の内面を信頼する。
⑧　希望を大切に。
⑨　もっと遊ぶ。
⑩　頭を使う。

この習慣こそ、福の神を呼び寄せる力としてはたらきます。

創造力をさまたげるものはなんでしょう

〈自己破滅的な思い込み〉

①　空想や回想は時間のむだだ。
②　遊びは子どものすること。
③　人生の悩みには真剣にとりくむべきで、楽しみやユーモアの入り込む余地はない。
④　原因の究明や筋道だった考え、数学的事実は有益だが感情や直観は無益である。
⑤　伝統はどんどん変えたほうがいい。
⑥　私に創造力はない。

〈決めつけと感情的なさまたげ〉
⑦ 失敗しないかと不安だ。
⑧ すぐ結果を求め、あいまいな状態がゆるせない。
⑨ のんびりできない。
⑩ 性急に成功を求めてしまう。
⑪ すぐにあきらめる。
⑫ ストレスを感じたり、落ちこみやすい。
⑬ 脂っこいものばかり食べ、運動しない、よく眠れないなど、不健康生活である。
〈仕事のさまたげ〉
⑭ 協調性がなくて、同僚と信頼関係が築けない。
⑮ 独善的になりやすい。
⑯ 一点に集中できず、あれこれ手をつけてしまう。
⑰ 知識が足りない、アイデアが出てこない、アイデアがあっても実行に移せない。
⑱ 家庭生活がうまくいっていない。
〈知識あるいは表現力の不足〉
⑲ 情報不足だったり、誤った情報を持っている。

⑳　アイデアを実現したり、頭の中で考えていることを実際に形にする方法がわからない。
㉑　知的な冒険にしり込みしてしまう。
〈社会的なさまたげ〉
㉒　多くの情報についていかなければと焦り、情報過多になる。
㉓　人生が目まぐるしく変化しすぎる。
㉔　消費主義につかってしまっている。

説明は要しません。読んだだけで暗く消極的になります。そのまま行くとチンダリ病です。打開の必要を感じます。

お年寄りからの忠告

多くの人が「どっちつかず」という罠にはまって身動きがとれなくなっている。変化を怖がったり、挑戦や冒険にしり込みする。

八十歳や九十歳の年配者に意見を求めると、たいてい「あの時もっと勇気を出すんだった。もっといろいろなことをしておけばよかった」との後悔の弁が返ってくる。「どんどん冒険をしなさい。失敗しなさい。世間の常識など恐れない。たくさん旅をする。好きなだけアイスクリームをなめる。もっと川で遊ぶ、大いに悩む、それも頭で賢く悩まず、全身で悩む。さきのことはくよくよ案じない。」

反省を込めた忠告ですから、説得力があります。世間ばかり見て、世間体を気にして、自分自身を見失った忠告にもとれます。今の世間を見てください。気を使うほどの相手ですか。

生き方を変えるには

自分の成長に励むことは自己を尊重する最高の方法です。

人生を変える方法を紹介しましょう。

① 一週間に一度、予定を立てない午後を過ごす。これは自分が時間の主人公であるために行う。時の流れに身をまかせるのである。気分が晴れるだろう。

② 休息を学ぶ。一日の中でしばし息抜きしたい。気持ちが切りかわり、また活力が湧いてくる。

③ ストレス解消する。自分なりのストレス解消法をつくっておく。瞑想や、自己催眠、リラクゼーション、自然に触れる、運動するなどの方法が考えられるだろう。

④　一点集中、一度に一つのことだけに集中することを実践する。いまこの瞬間に生きることの大切さを、この一点集中法でつかむ。集中力は精神的健康に良薬である。

⑤　生活からわずらわしい外の世界を追い出して、精神のオアシスをつくる。周囲の情報発信機にわずらわされない。

⑥　毎日、目が覚めたらすぐ、「今日一日を過ごす速度」について考える。今日はどんな風に過ごそうか、と自分にたずねよう。その日のペースを意識することから時間の管理は始まります。

⑦　自分本位の過ごし方をする。多忙をさける。一日の中に息抜きの時間と、静かに我にかえる時間を組み込んでおこう。

⑧　体を動かすことも創造力のためには大切である。創造は頭がするのではない、全身全霊がするものである。運動は全身のはたらき、創造力の源である。

⑨　心に救急箱を用意して、必要なときはそこから力をもらう。友だちや恋人からの大切な手紙を読み返したり、なつかしい写真をながめたり、好きな曲を演奏したり、忘れられない言葉や詩を読み返すといい。

⑩　人間関係を見直す。人生という貴重な時間は、自尊心をそがれたり、何ら足しにならない人間関係に無駄にできるほど長くはない。

⑪　年中忙しく駆けずりまわるのをやめて、ゆったり構えることを心がける。何もしないでぼんやり空をながめたり、目をつぶってまわりの自然の音に耳をすませたり、呼吸に気持ちを集中させたり、詩を読んだり、のんびり過ごせるようになりたい。

⑫　いやならことわる。生き方を変えたいのなら、忙しい予定を立てないようにしたい。「いいえ、結構です」といえるようになりたい。

⑬　何もかも自分がしなければならないと思い込んでいないだろうか。自己責任から解放して、他人に任せることで生き方が変わる。

パラダイムを変えれば自分も変わります

パラダイムとは、理論的枠組みのことです。自己のパラダイムとは、いつも持ち続けている考え方（発想）の枠組み、「意識の枠組み」です。その意識の枠組みを基本的に変えてしまえば、新しい発想のもとに自分を変えることもできます。そのパラダイムの転換の七原則をあげてみましょう。

一、自ら学ぶ姿勢を新たに創り出します。そうすれば、自主的に創り出す力が湧いてきます。

二、これまでの考え方・発想の仕方・考えのくせを壊してしまう。そうすれば、あたらしい価値を見つける力と自己発見の面白さを味わうことができます。
三、イメージを膨らませ「夢を見る力」をつけましょう。そうすれば、その夢を実現するための「創造力」がはたらきはじめます。
四、なるべく自然状態（五感）で感じることを大切にします。そうすれば、凝り固まった思考は溶けてソフト（柔軟な思考）になり、世界が新鮮に見えてきます。
五、なるべく足を使って考えましょう。歩きながら考えると、血液の循環と運動効果によってシャープな頭になります。
六、時には「生みの苦しみ」のように考え抜いてみましょう。そうすれば、生み出した時の快感と驚きと感動が、自己覚醒へと導いていきます。
七、あえて厳しさの中で自己挑戦し、自己発見することを勧めます。そうすればほんとうの自分らしさが見つかるものです。

視点を変えると発想も変わります

鳥の目で空から鳥瞰《ちょうかん》してみる。総合的、大局的に見ることができます。
虫眼鏡で小さいものを観察する。細部の物を見る目が養われます。

望遠鏡で遠くを見てみる。拡大する目、遠方を見通す目が養われます。

山のてっぺんから見てみる。大局観（大きく考える）の目が養われます。

裏から見てみる。

角度を変えて見てみる。

分解して見てみる。

比較して見てみる。

試して見てみる。

他人の目で見てみる。

周囲との関係で見てみる。

立脚点を変えて見てみる。

ひっくり返して（逆転）見てみる。

時間を置いて見てみる。

別の物に置き換えて見てみる。

異性の目で見てみる。

その他いろいろ「視点の変え方」があります。参考になるのは本書の「チェックリスト法」（二六七ページ）を参照するとよいでしょう。視点を変えると、思わぬ発見があるものです。

そのことによって、その人の発想法や価値観にも影響を及ぼします。

やっぱりみんなで集団的創造活動をするのが一番です

創造的な人間についてみてきましたが、その創造的人間を作るには、グループ・ダイナミックス（集団力学）の力を借りて、集団で楽しくユンタクし騒ぎ立てながら、「個人も集団も」まとめて面倒を見る集団的創造活動をすることが一番です。その結果は、コミュニティーも出来上がるからです。

これまで創造の力を強調してきました。それは今日の社会にこそ、創造性・創造力が求められているからです。

集団的創造力についても、いろいろ解説してきましたが、集団といえども人間はやはり一個の個人にかえります。そうした時に個人の生きがいは何かと追及してみますと、やはり創造的な生き方が生きがいをつくり出していることが分かります。

創造的自己実現と生きがいを求めて

人生は行き着くところ一個の人間です。そのひとりの自分をどう活かしていくのかは、自己の課題です。自立した自己を実現していくのが「自己実現」ということだと思います。自己実現は自己の個性を生かし、自分らしく生きるということです。幸せな自分づくりにちょうど適当な参考書が見つかりました。それは、「実践・幸福学入門」という書です。『幸せのメカニズム』（前野隆司）のサブタイトルですが、私たちの所属する学会の特別講演で、直接拝聴しました。彼は、「幸福研究」で幸福の因子分析を通して、「幸せの四因子」を抽出しています。

第1因子は、自己実現と成長の因子
第2因子は、つながりと感謝の因子
第3因子は、前向きと楽観の因子
第4因子は、独立とマイペースの因子

その「自己実現と成長」、「つながりと感謝」、「前向きと楽観」、「独立とマイペース」の因子を備えることが、幸福な人間になると説いています。前向きと楽観は、言い換えますと「積極性と寛容（余裕・くよくよしない）」のことだと思います。独立とマイペースは、「独立心と主体的行動」のことで、個性・独創性も含んでいると思います。そうしますと、3因子と4因子は、行き着くところは「自己実現の要素」だといえるでしょう。

つながりと感謝は、他人との関係性で現れる因子です。いわゆるコミュニティー因子です。他人との連帯・連携、所属意識や相互の関係から生まれる感謝の心、思いやりの心、ありがとうの心だと思います。今評判のアルフレッド・アドラー（心理学者）は、幸福は「共同体感覚」から最も多く得られるといっています。

実は本著の目的も、ガンジュウグループによる集団意識の形成です。グループ・ダイナミックスによるコミュニティーづくりです。

前野さんは、この自己実現的な幸福を手にするには、「創造すること」だといっています。彼の指摘をみてみましょう。

「要するに、創造は、これからの《自己実現と成長》の一つの型だと思います。庭づくりでも菜園でも音楽でも絵画でも陶芸でも文章でもWEBでも料理でも木彫りでも革細工でも小物づくりでも社会づくりでもビジネスでも教育でも創るものなら何でもいい。素人でもいい。映画、コンサート、演劇、バレエなどの本格的興行でもいい。経済的な成功であってもなくてもいい。GDPに、そんなに貢献しなくてもいい。そう、グローバル・ネットワーク社会は、玄人と素人の境目が曖昧になる社会でもあるのです。マイナーでも(メジャーでも)

いい。小さな自己実現でも（大きな自己実現でも）いい。美しさを発見する力と、美しいものを自分で創ることを楽しむ力。……重要なことは、なにかを創造していて、小さくてもいいから、自己実現や成長を日々感じていること」だそうです。

マズローは、街の幸せそうな人々（主婦からあらゆる職業についている人、老人にいたるまで）、数万人の幸せ調査をしています。そこから得た、幸福人間の共通点が、「自己実現の創造性」を持った人々だと結論しました（『創造的人間』）。そこで彼は、「天才の創造性」と「普通の人の創造性」を区別して、普通の人の創造性を強調しました。彼の功績は、創造性は天才のものだけでなく、普通の人にも「すばらしい、幸福に満ちた創造性」があることを発見したことです。

夕方、いそいそと夕ご飯の支度をしていた主婦が、その手をとめてふと窓の向こうをのぞいた時、夕日が赤々と空を染めている光景を見て、しばしわれを忘れて感動した。その瞬間こそが彼女の創造性、発見の喜びだといっています。何げない日常生活の中に、新しい発見をすることこそがりっぱな自己実現の創造性だといっています。発見する目、創造する手、新たにひらめく頭、心にめばえる感動、五感をつつむ充足（満足）感は、自己実現の創造性です。創造性は、誰のからだにもつまっている宝を見つける能力（自己発見能力）のことではないでしょうか。

人類は「創造的進化」であると、ベルグソンは言っています。その彼のことばを引用しましょう。

「喜びがあるところにはどこにも、創造があることが知られます。創造が豊かであればあるほど、喜びは深いのです。子どもを見る母は喜んでいます。なぜならば母は肉体的にも精神的にも子どもを創造したという意識をもっているからです。……創造的な人間は、それ自身が密度の濃い活動によって、他の人々の活動を密にし、寛大な徳のかまどに寛大に火をつけることのできる人間であります。なぜならその人は創造者であり、自分でそれを知り、それについてかれが感ずる喜びは神の喜びだからです。そこであらゆる領域において生命の勝利が創造であるとすれば、芸術家や学者の創造とは違っていつでもだれにでも追求できる創造にこそ、人間の生命の存在理由があると考えるべきではないでしょうか。その創造は自分で自分を創造することであり、少ないものから多くのものを引き出し、無から何ものかを引き出し、世界の豊なものにたえず何かを加える努力によって、人格を大きくすることであります。」（『創造的進化』）

それこそ、マズローの自己実現と一致する見解です。さらにベルグソンは、人間の意識的な力に言及してこうも述べています。

「また意識的な力はそれ自身の中にも新しいものを創造します。なぜなら意志による行動はその意志をもつ人に反応して、ある程度その人の性格に影響し、一種の奇蹟によって、自分で自分を創造するという人生の目的そのもののように見えることをしますから。……すべての方向に体からあふれ出し、それ自身を新しく創造することによって行為を創造するこのものが『われ』であり、『魂』であり、精神であります。」

自己を創造の主体と自覚する人間の内から、つまり創造的な人格から創造の喜びの光が放たれるのです。そこに自己実現の創造性が開花するのです。

創造力は、生活不活発病のエキスなのです。

最後に一言

老人は人生の膨大なデータバンクです。自ら蓄えた人生知の自己資本を元手に、仲間と共に自生力を磨き、命から湧き出る創造力に生きようではありませんか。

五　まちから村に手づくりのガンジュウ健康学習を始めよう

比嘉佑典

シニアのガンジュウ集団学習の多様な形態

いつでもどこでも学びをつくろう。シニアにとって、学びとは何でしょうか。それは生活自体が学習なのです。その学習とは生きる学習です。ですから。いかに生きるかということが、シニアの学習のありかたです。

ジャンジャック・ルソーは、私の教育は「生きることを教えること」だといっています。二〇世紀最大の教育哲学者ジョン・デューイーも『経験と教育』で「為すことによって学ぶ」（経験を通して学ぶ）ことを強調し、経験カリキュラム（経験を中心とする）を唱え、その学習方法として問題解決学習を生み出しました。

それらの教育は、子どもたちの教育のことをいっているのです。しかし現代の子どもたちの教育はどうでしょうか。教科書による教育です。教科書とは、文化・文明のコピーです。実物ではありません。コピー教育が情報化時代の教育の姿です。

それはともかく、仕事社会を卒業したシニアの学習の教科書はなんでしょうか。ルソーやデュイーに従えば、自分の人生と経験です。六〇年余生きてきたことが生の教材なのです。また、六〇年余蓄積してきた経験が経験教材なのです。

一人のシニアには、六〇年余の人生と経験がいっぱい詰まっています。一〇人おれば、異なった十冊の人生本です。ですから、シニアの学習方式は、一人ひとりが教科書です。共に集まって個々の人生を学び合いましょう。

若者の教育は人材育成です。社会に役立つ人間です。シニアの教育は自己形成・自己実現です。自己の幸福の実現です。

ユンタクグループ学習

ことばには、新しい現実を切り拓く力があります。生活のほとんどは、ことばをツール（道具）として使っています。便利な道具として使っていますが、実態として「形」がありません。音声です。しかし、手に掴むことのできない「ことば」は、生きた力をもっています。言霊《ことだま》信仰（ことばに宿ると信じられた霊力）があるくらいですから、ことばは、相手にインパクトを与え変容させる力があります。カウンセリングは、ことばのやり取りで治療を行っていきます　ことばは個人にとっても、重要なツール（道具）です。ことばがなければ、自分を語ることはできません。自己の人生の体験の蓄積は、ことばによって伝えるしかありません。シニアの学習は「ことばによる学習」です。語り部たちの集団（グループ）学習です。

本書の第Ⅰ章で、集団健康学習の「モデル」を示しました通り、人は集団を通じて人格転換がなされます。個々のシニアの持っている経験や考え方は、人を変える力を持っているものです。

何のテーマもないユンタク学習は、かつての井戸端会議に似ています。集まっておしゃべりするだけで、井戸端コミュニティーがつくられます。

ユンタクは言語集団です。それは言語空間をつくります。ある程度持続性があれば、言語コミュニティーです。大きな力を発揮します。

集まってただユンタクするだけで、学習が成立するのでしょうか。われわれの経験では、ブレーンストーミングのように、むしろユンタクから学習が始まります。ＳＴ法（センシティビティ・トレーニング法）は、無題（テーマなし）からはじまります。

もっとユンタクの学習効果を大事にする必要があります。「はじめに言葉ありき」（新約聖書）のことばは、学習の原点です。

老いては遊戯学習を

古来遊戯・遊びは、神々の遊びであって、人間はその神の遊びをすることによって「神・人合一」の境地に至り、神との合体を通して遊びをわがものとしました。その遊びから得られるものは、「神の心・神の性格」をわが身に感じとることです。

その遊びは単に気晴らしではなく、神の至福に満ち溢れた生命の喜びだったでしょう。遊びの要素が人間に最大な喜びをもたらすものだからです。「遊戯療法」もある通り、遊びが病（心の）を治すとしたら、遊びはお医者さん？それともお薬？そうした治癒力の真髄は神（自然）の力です。それを「遊戯の相のもとに」観ることは容易なことでしょう。

この意義深い意味論（哲学）から考察した場合、遊びは高齢者にとって、命の救済の道だといえましょう。遊びは命《ぬち》ぐすいなのです。

カジマヤーの意味の深さも考えてみましょう。そうした観点から、遊戯はガンジュウ学習の要だといってよいでしょう。グループ・ダイナミックスそのものです。

シニアに子どものように「遊ぶ権利」を保障します。遊びの専門家であるハーマン・ウォーシュが面白い「遊ぶ権利証」を発行しました。「子供の世界の会」からの証書です。ご紹介しましょう。あなたが『子供の世界の会』の永久会員であることを証します。あなたは今後、次の行為が許可されます。

雨の中を歩く、水たまりではねる、虹を探す、花の香りをかぐ、シャボン玉を吹く、寄り道をする、砂の城をつくる、月の出や一番星を見つける、みんなにあいさつする、はだしになる、冒険する、シャワーを浴びながら歌う、いつもうきうきしている、子どもの本を読む、おふざけをする、バスタブに泡をつくる、新しいスニーカーを買う、握手し抱き合いキスをする、ダンス、凧あげ、大声で笑い大声で泣く、好きな所をほっつき歩く、怖がる、悲しむ、壮大な気分になる、幸福を感じる、不安や罪悪感や恥を忘れる、無邪気になる、いやならいや、嬉しいなら嬉しいという、呪文を唱える、いろいろな質問をする、自転車に乗る、絵を描く、ものを違ったふうにみる、転んでまた起きあがる、動物に話しかける、空を見あげる、夜更かしする、木に登る、昼寝をする、何もしない、空想にふける、おもちゃで遊ぶ、毛布にもぐる、枕投げ、新しいことを学ぶ、何にでもわくわくする。おどける、全身を動かす、音楽を聴く、機械を分解する、ゲームのルールをつくる、物語をつくる、世界のことを考える、近所に友だちをつくる、それから楽しいこと、わくわくすること、ゆったりすること、話しあうこと、健康、愛、喜び、創造力、豊かさ、優雅さ、自尊心、勇気、調和、自発心、情熱、美しさ、平和、生命力をもたらすことをする。

以上の事柄をこの会の会員とその他すべての人に許可します。

さらに前記の会員は、遊園地や海、野原、山、プール、森、公園、ピクニック場、サマーキャンプ、誕生日パーティー、サーカス、駄菓子屋、アイスクリームショップ、映画館、水族館、プラネタリウム、おもちゃ展、祭り、その他あらゆる年代の子供たちが喜ぶ場所に行くことも許可されます。

最期に『子供の世界の会』のモットーをいつも忘れないようにしてください。――幸福な子供時代は、いつでもとりもどせる！（サリー・ラズベリー他『創造力の扉』）

公民館で認知症予防の手茶目遊《てんちゃまあし》び学習を

一　語《かた》らなや星《ふし》に　天《てぃん》じゃらに橋かきてぃ

覚出《うびじゃ》すさ　覚出すさ　童小《わらびぐわ》ぬ昔《んかし》
やっちーたい　うり語《かた》らなや

二

竹馬《だきうんま》や乗《ぬ》やい　家《やあ》に急ぐ《いすぐ》道ゆどでぃ
眺《なが》みたし　眺みたし　西《いり》ぬ陽《ひ》ぬあかい
やっちーたい　うり語らなや

三

節々《しちしち》ぬないや　クービ　ムム　ナンデンシ
遊《あし》ぶたし　遊《あし》ぶたし　石なぐにぎっちょ
やっちーたい　うり語らなや

（民謡「やっちー」上原直彦作詞）

手茶目遊《てんちゃまあし》びは、手遊び指遊び・手づくりの遊びのことです。昔盛んに遊んだものです。代表的な遊びは、粘土遊び、石なぐみ、ビー玉遊び、おはじき、お手玉、あやとり、折り紙、草編み玩具などです。子どものころは、夢中になりました。

手や指を使うことは、大脳に刺激を与え、脳の活性化に役立つと、『手と脳の研究』でいわれています。子どもの手遊びは賢い頭に、シニアの手遊びは認知症にならない頭に。いかがでしょう、公民館で孫たちを囲んで手茶目遊《てんちゃまあし》びをしましょう。これこそ手と手のコミュニケーションです。手から手への学習の原点です。わらべ歌を唄いながら肝情《ちむなさき》は満たされます。

手や指を盛んに動かすことは、認知症予防に役立ちます。偉大な哲学者カントは「手は外部の頭脳である」といっています。外部の頭脳である手をはたらかせると、脳の活性化になり、認知症の他に「心（精神）の活性化」にもなります。さあ、手茶目遊《てんちゃまあし》びをしましょう。

チャンプルー学習――みんなが先生・みんなが生徒

シニアがそろって、六十の手習いもいいですが、お互いの持っている「宝物の交換会」をしようではありませんか。おたがいそろって、ゆいまーる勉強模合を開きませんか。今日からあなたは先生です。今日からあなたは生徒です。みんなでくじ引きして、先生、生徒のゆいまーる勉強しましょう。

それぞれの人の持ち味・得意・趣味・職業経験・旅の経験・健康談義・三線民謡・芸能等々について、自前の講義をしましょう。そう、「一日教授」です。「一日消防所長」もいる時代ですから、人生を語る人は一日人生哲学者でいいでしょう。旅を語る人は「吟遊詩人」でいいでしょう。勝手に名前を付けても、文部省は文句を言いません。生涯学習振興派ですから。「今度は私の番!」「どうしよう」と緊張するのも年寄りの薬、お互いに緊張したり、わくわくしたりして、笑い飛ばして学ぶことこそ「幸福でーびる」です。生きがいに難しい話はいりません。笑う面々に福来たるです。

経験持ちより交換学習

長年、高齢者学級講座に携わってきました。現在もいくつかの、高齢者学級の講座の講師としてかかわっています。その多くが専門家集団による講座制です。高齢者の受講生の熱心さには、頭が下がる思いです。

そして思うのです。高齢者こそは、人生の知的財産の持ち主であること、そして同時に多くの経験の蓄積者であるということです。その知的財産と蓄積した経験を中心にした、生涯学習を展開できないものかと痛感しています。

ユンタクグループ学習法を提唱しているのはそのためです。自らの経験と宝物を出し合って、みんなで「共有」しつつ、経験と知恵をかき集めて共有財産にすることは、「共感」と共同体感覚のもとに、強固なコミュニティーを形成するからです。

そのためにも、私たちは自ら発言していかねばなりません。アルフレッド・アドラーはこういっています。「この世界は私の世界だ。待ったり、期待しないで、私が行動しつくり出さないといけない。この世界には悪も困難も偏見もある。それらを含めて私たちのものなのだ。そして、現在は人類の歴史におけるただ一回きりの時である。だからこそ、私たちはこの世界で働き、課題に立ち向かい、自らの役割をはたすべきなのだ」。

その端的な例は平和学習です。自らの戦争体験を通して、平和の実現を願う語り部たちの行動は、そのことを物語っています。経験持ち寄り学習という学習法は、身の回りに満ち溢れています。ただ経験学習といわないだけです。仲の良いグループで、集まってユンタクするのも立派な学習です。それをユンタクだけで終わらせないで、もう一歩踏み込んで「客観的に整理」すればみんなの共有財産になるし、その力は世界（地域社会）を変えていく小さな力になるからです。

ミニ自主グループの全盛時代

かつて私は、全国の大型の女性団体の共同研究をしたことがあります。一九八〇年代です。全国規模の地婦連、農村・漁村婦人部の調査です。その調査をしているうちに分かったことは、地すべり的な大型団体の衰退とは逆に、いたるところ全国規模で自主グループというミニグループが爆発的に発生していく現象に出会いました。

草の根のこの自主グループは、人数が数人から十人程度のミニグループです。規約も役職もなく、会の入退会（出入り）は自由で、活動時間帯も定まっておらず、それぞれの都合に合わせて運営していました。大型団体は規則ずくめ、支部組織・全国組織という縛りが強いうえに、自分たちの意思が反映されにくいこともあって、大型団体から離れて自分たちで思い思いに活動する自主グループが増え始めたのでした。

大型女性団体の役員は皆高齢者です。会員も高齢者が多くなっています。行政指導の団体も同様です。地域の婦人会、老人会、地域子ども会、青少年育成会等は、役員は決まっても活動が形骸化してきています。行政の旗振りで、なんとか持ちこたえていますが、「義務的」なものが多く敬遠されがちです。そこへ行くと、自主グループの勢いは止まりません。

自主グループ「こもれび」に参加して

かつて私も地元（本土）の自主グループ「多摩湖野口町地域に図書館を作る会」（東村山市）「こもれび」グループに属したことがあります。月刊紙「こもれび」を発行して、百号まで発行し地域に図書館を実現させました。一般の主婦が会員（六から八人）で、それぞれの家庭やアパートを会場に、まちの調査や図書館情報集め、図書館見学、他地域の同じ図書館関係の活動しているグループとの交流、町の人物探訪の記者になりインタビュー調査、結果を中央図書館や行政に報告と陳情、子どもを抱えての三、四〇代の主婦たちでした。子どもが学校に行っている間のわずかな時間のやりくりです。機関紙の費用が足りなくなると「バザー」です。

何が彼女・彼らをこうも熱中させているのかというと、地域に「図書館の実現」という夢があったことです。その夢の実現に奔走したのです。もう一点は、個々の会員の能力が存分に発揮されたことです。機関紙「こもれび」は全国機関紙協会・ミニコミ誌コンテストで最優秀賞を受賞したのも後押ししました。写真は「こもれび」百号を綴ったものです。その記事は、『現代女性の意識と生活』（ＮＨＫブックス）に掲載しておきました。さらに『学習する女性の時代』（ＮＨＫブックス）の執筆者にもなりましたが、そこでの経緯から、特に若い女性の自主グループの勢いを感じ取りました。

今日、自主グループからＮＰＯの発展は目覚ましいものがあります。そうした経験を通して痛感することは、講座を受講している女性たちよりも「自ら活動している女性たちのパワー」のすごさです。今回このガンジュウグループの集団学習を指向したのも、このことに起因しています。さらに付け加えれば、かつてやんばるの地元に「山原遊びと創造の森図書館」（私の個人図書館）を設立したのも、こもれびグループの影響でした。

シニアグループに、このような活動を展開してほしいというのではありません。ガンジュウグループになって、「健康と

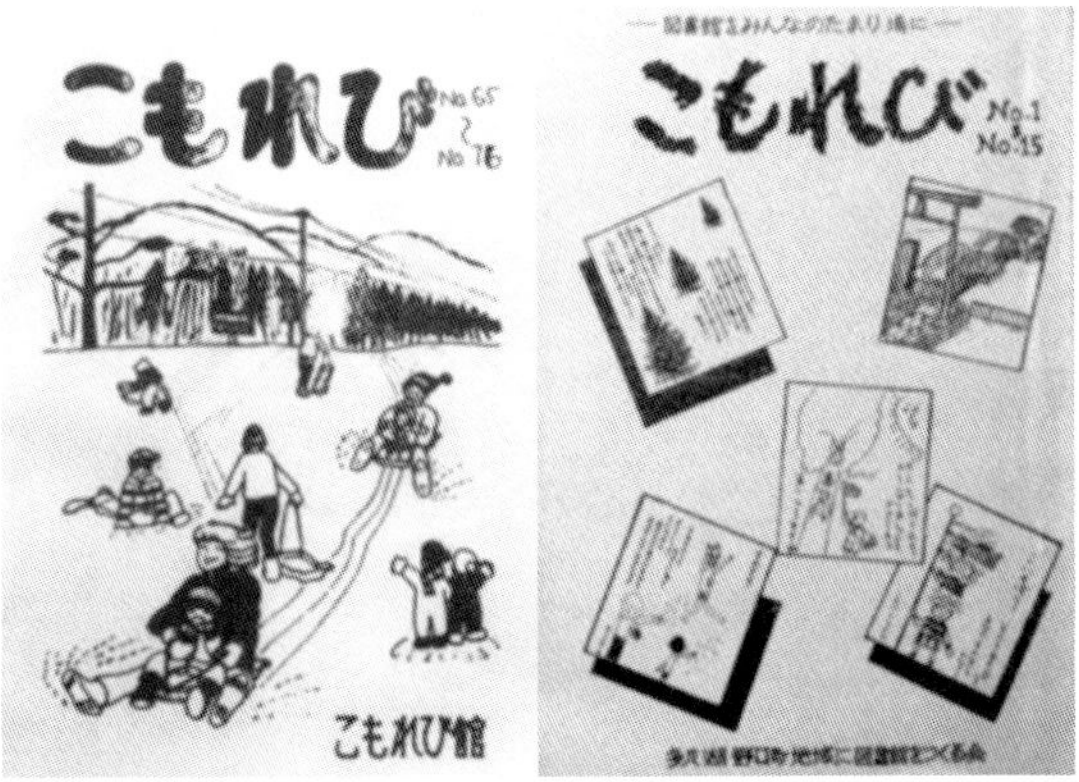

こもれび百号写真

こもれびグループ・左端が筆者

生きがい」を追求してほしいのです。

経験丼《どんぶり》学習はいかが、経験チャンプルー学習はどうでしょうか。はたまた、シニア知の大衆浴場学習は、みんなで「知の食材」を突いて食べる、シニアしゃぶしゃぶ鍋はいかがですか。といいますのは、自主グループのネーミングには感心させられどおしでしたから。

では、私も一つ考えてみましょう。

足《ぴさ》学目《みー》学耳学問《みみがくもん》グループワーク

私の健康学習は、シニアが健康増進のために歩きながら学ぶ学習です。

歩きながら、路上観察学習です。

何か面白い物・珍しい物はないか、探して歩く探偵団学習です。

地域に名人・達人・奇人・変人をさがし訪ね歩くインタビュー学習です。

社会貢献しましょう、ボランティア学習です。

公園に木を植える植樹学習です。

弁当持って浜辺にピクニック、遠足学習です。

三線もって毛遊びも、娯楽学習・余暇学習もいいですね。

地域の歴史を訪ね歩く歴史散策学習もいいですね。シニアの上のシニアから村の昔話・思い出を聞き取る回想学習・記録学習はいかが。戦争の体験を聞くのも、平和学習です。種々の施設を訪ね歩く、現場見学学習はどうでしょう。施設実習学習もできます。山歩きは森林浴・癒しの自然学習です。バードワッチは即学習です。

こうして足で学んだ学習資料と、目で観察してきた見学資料、耳でいろいろ聞いてきた資料等の整理をしましょう。

グループで調べた資料が雑多にあります。これを、ＫＪ法（二七三ページ参照）を使って分類整理しましょう。ＫＪ法開発者の川喜田二郎はネパールの人類学調査での大量の資料を整理する方法として、ＫＪ法を開発したのです。この学習もいってみれば、村の、まちの民俗学調査です。

意外や意外、新しいまち・村の総合マップが出来上がるかもしれません。いや、出来上がります。ですから、ＫＪ法は発見創造技法なのです。

その学習成果は、行政関係や地域活動をしている人が欲しがるものです。これが学習評価です。めでたしめでたしです。

一歩・歩けばすべてが学習です。赤ん坊（人の初期）は、すべて手足で学ぶものです。一歩は学習の原点です。

ハイサイ・チャビラタイ学習――他シマ公民館連携交流学習

「隣は何をする人ぞ」と気になるのは人間心理です。「隣の芝は青い」のも人間心理です。それと同様に、他シマ（村・まち）の人が気になります。その生活をのぞいてみたいのも人間心理です。

だったら、他シマの文化をのぞきましょう。シマとシマの文化交流です。A地域の公民館のグループと、B地域の公民館グループと交流学習をしましょう。いろんなやり方があると思いますが、まず基本を示しましょう。

①　訪問介護ならぬ訪問学習です。歓迎の歌で迎えましょう。
②　お互いの生活文化の交換です。
③　ムラの特色の紹介です。
④　お見合いのつもりで行いましょう。
⑤　事前勉強はしないでおきましょう。

⑥　訪問者は訪問先の皆さんからいろいろ教わりましょう。
⑦　原則はユンタクです。
⑧　訪問先に親戚や知人がいたら話題にしましょう。親しみか深まります。
⑨　ちょっと近隣を散策しましょう。
⑩　お別れに唄や踊りもいいですね。

それを公民館で交互に行い、知見と交流と親睦を図りましょう。一種の旅行気分です。好きなファッションで行きましょう。

そこから学ぶのは、みんな思い思いです。学びの場所を変えるのも学習の興味・関心を深めます。最も大事なのは、シマとの異質の結合です。そこに新たな知恵が生まれるからです。

一歩外へ出ることは、外から自分を見つめ直すよい機会です。

帰巣本能・ふるさと回帰学習を

鳥には帰巣本能がはたらいています。

サケも、最後は故郷に帰ってきて卵を産み、子孫を残して死んでいきます。人もまた、ノスタルジア（郷愁）の生き物です。帰巣本能は、動物すべてにみられる遺伝了です。

「ふるさと」の歌は、日本人の心の歌です。望郷の歌です。

望郷、年老いた今、機会あらば月に一度でもいいですから、故郷の地に足を踏み入れ、故郷の文化を訪ね歩く「ふるさと学習」「ノスタルジア学習」をしてみませんか。昔なつかしい場所に行ってみませんか。ふるさとのなつかしい友に会って、ユンタクするのも心の癒しの学習です。はじめて生まれた場所・ふるさとは、心の中のなつかしいコミュニティーです。ここは、個々人にとって、アイデンティティーの根っこでもあります。

そうした学習をしたいという気持ちはやまやまですが、一人ではできません。どうしたらいいのでしょうか。それは簡単です。ガンジュウリーダーが一人おれば、そのリーダーが「ふるさと学習」を企画してくれます。その企画に乗っかれば、リードしてくれます。いずれにしても、リーダーが必要ですね。

また、郷友会を利用する手もあります。

御願所《うがんじゅ》学習はガンジュウの原点です

健康は祈りから始まります。祈りは文化です。文化とは、社会を構成する人々によって習得・共有・伝達される行動様式ないし生活様式の総体で、言語・習俗・道徳・宗教、種々の制度などはその具体例（スーパー大辞林・三省堂）ということです。

　祈りは文化・カルチャーです。健康祈願はどこの国でも日常的にしている生活習俗です。かつて祈りは、村落共同体と大自然とを結ぶ儀式でした。作物の豊作のみならず、ムラの安全、人々の健康祈願、厄病払い、作物のアブシ払い、天変地異などの天災などあらゆる災難の除去と平穏な暮らしを願うムラの中心的行事でありました。大自然も含めた村落共同体の中心に祈りがあり、アサギという場もあったのです。

　その祈りの文化にも、祈る場所がありました。その場所を聖域としたのは、祈りが如何に神聖なものであったかが分かります。祈りをかなえてくれるのは誰でしょう。見えざる天の力（宇宙根源の力）です。天に手を合わせて拝みました。天から神を拝して、台所に火の神、便所の神、屋敷の神、仏壇に先祖の神、井戸の神、泉の神、航海の神、安産の神など生活のいたるところに神を置いて、祈り、拝みました。

「人々は神と共に在る」ことで平和な暮らしを維持しました。人と神との対話はその拝所です。何といっても「健康第一」です。ですから祈りは健康文化なのです。

　ちなみにフランス革命当時の子どもたちは、十歳またずに三分の一の子どもは死んだそうです。二十歳の年齢に達するのにも途中なくなる少年は多かったといいますから、生きのびることがいかに大変であったかが想像できます。また、産業革命時代では、子どもは自分の年齢と同じ時間働かされた記録があります。五歳の子に五時間労働、十歳の子に十時間労働だったといいます。命をすり減らした時代です。健康を祈らずにはおれません。

科学技術の進歩によって、忘れ去られつつあるのが「祈りの文化」です。現代では祈りは個々人のものになりつつあります。祈りは心の健康文化です。祈ることにおいて人は、心の平穏を願います。現代においても、いざという時の肝心要は「祈り」です。祈りは人間の心の癒しの原点です。

ウムイ（思い）も、また沖縄の心です。「おもろ」はその原形です。デカルトの「われ思うゆえにわれあり」という理性の哲学を知らなくても、人々は思い続けて生きてきました。

近代化は、このウムイも置き去りにしていこうとしています。ウムイは天に通ずる心です。祈りの心でもあります。

年老いたシニアは、島の本源的な霊性《せーじ》・人間の根幹を学習してみる必要を感じます。いずれ「あの世」に行くのですから。科学万能信仰者も、最後はあの世に行くのです。老いては「祈りの精神史」を学びましょう。

健康の御願所廻りの学習、車で行かずに自分の足で歩いていくのです。先人のしたことの追体験です。文化としての拝所回りです。拝所に込められた「深い意味（思い）」を学習するのです。そこから先人の生きざまを学びましょう。信仰行事ではありません。文化行事です。

「文化の相の下に」とてつもない人類の精神史があることに、少しばかり触れてみましょう。「命どぅ宝」の声が聞こえてくるかもしれません。

御願所を回っているうちに、丈夫な体になって願がかないました。ガンジュウになりました。

めでたし、めでたしです。

一例をあげましょう。

世界遺産グスク回り学習に参加したある高齢者が感動し、その後友人三人を連れてユンタクしながら再度訪問、今度は自分がガイドになって感動を説明しました。四人でユンタク学習です。その後さらに、仲間の一人が子や孫たちを連れて十人ほどで訪れたそうです。親子三世代生涯学習です。教育の原形が見えてきます。

公民館に簡単なガンジュウ早朝カフェづくりを

やってみませんか、公民館・早朝茶わきカフェ

昔からの習慣、お茶と黒糖で茶飲み話の現代版です。

年寄りは早起きです。仕事があるわけでもないのに、目覚めが速すぎます。朝はたっぷり

時間があります。爽快な気分です。突っ掛けで公民館まで朝の散歩です。茶わき飲んでユンタクして、今日も一日楽しく過ごしましょう。

中国滞在中に、朝茶（ザオチャ）、早茶（ザオチャ）の経験をしました。早朝、仕事に行く前のひと時のくつろぎです。お茶とお菓子などをいただいて、爽快な気分になって仕事に出かける風習です。さわやかな経験でした。

もともとは、広東省や香港、マカオを中心に行われていた飲茶（ヤムチャ）の習慣から来たものです。ヤムチャのように本格的ではなく、簡単な沖縄風茶わきにしたら、公民館でも簡単に行えます。早起きしたシニアは、朝のひと時公民館の茶わきカフェに集まって、お茶を飲みながら、ユンタクするのも朝のユンタクラジオ体操です。

気分が爽快になったところで朝帰りします。ゆっくり休みましょう。一日の始まりはそうしたいものです。お茶に黒糖ヘルシーですね。

お茶を飲むとこんなご利益があるそうです。

① 朝茶を飲むとその日いいことがあるそうです。

② 朝にお茶を飲むと災難よけ、厄払いになるそうです。

③ 幸運を招き寄せる朝茶は子孫繁栄です。

そうなると、毎日飲まずにはおれません。公民館の行き返りも、ちょっとした運動です。

何よりも朝の空気は、お茶にましておいしいものです。

世の中に病気にきく薬はたくさんあります。体を活性化する清涼剤もたくさんありますしかし、飲んだら厄払いになる薬はありません。飲んだらいいことが起こる薬もありません。要するに「心にきく薬」はめったにありません。朝茶は心にきく薬かも知れません。

ベトナムのフエ市でこういう経験をしました。早朝ホテルの四階から路上を見渡しますと、歩道に荷物を積んだ自転車がやって来て、にわか作りの路上喫茶店・路上カフェをつくりました。自転車の荷台にコーヒーポットをおいて、周辺に小さな座椅子を並べました。食器洗いも携帯用です。それが、ホテルから見える範囲の歩道に三軒もありました。

しばらくすると、バイクでやってきたお客が、コーヒーを注文して飲みました。次に自転車の客、歩いてくる客と、五、六人のミニカフェに変わったのです。なにやら、お互いに会話を交わしながら、時々笑っています。しばらくしてお客は、三々五々に職場に散っていきました。

私はこの光景に感動して、翌朝さっそく路上カフェに行きました。通訳などいりません。笑顔でコーヒーを注文して飲みました。新聞を広げて読む人もいます。ホテルからは気づきませんでしたが、朝食を食べてこない人のために、軽食を売っていることも発見しました。束の間の路上コミュニティーです。爽快な気分で朝の歩道を歩いていると、風景までが鮮やかに見えてきたことを思い出しました。ささやかで質素な路上カフェが、爽快な朝を私にプレゼントしてくれたのです。ベトナムの風習の中に、人々の心温まる豊かさを感じとりました。客が仕事に行った後の、後片付けの手際よさにも感心したものです。

公民館でアイデアを出して、沖縄の伝統的な茶わきのコミュニティーをつくってみませんか。みんなのアイデア次第です。

六　ガンジュウグループ学習の展開の仕方・輪になって学ぼう

比嘉佑典

集団における自立学習の原理

子どもは他律的教育です。親や先生が必要です。

大人のシニアは自律的教育です。自学自習です。自己教育です。

その自学自習を集団の力を借りて、集団的自立学習がシニアの学習の原則です。

自分が教師、みんなも教師、そしてみんなが生徒です。それが、集団的相互学習の形態です。

他人（専門家）から、講義を聞く受動的な学習・他人任せの学習ではありません。

では、集団で何を学ぶんですか。学ぶテーマをみんなで決めます。学ぶ内容もみんなで検討します。学ぶ方法も皆で考えます。全体のカリキュラムも皆でまとめます。すべて自前です。

テーマの設定
目標の明確化
内容の精選
方法・技術の検討（学習方法）
実践計画・実行
実践の集約
カリキュラムの評価

それらを、すべて集団で決めて、計画を立て実現していきます。その全体のカリキュラムを決める時に後方で述べる、創造技法（マニュアル）が役に立ちます。つまり自分たちでアイデアを出し合って作ります。

例えば、テーマをみんなで「ブレーンストーミング」（二四〇ページ参照）をして、「生活習慣病」と決まったら、その生活習慣病を学ぶ「内容」を検討して精選します。そしてどのようにして学ぶか「学習方法」を決めます。方法として見学か、フィールドワークか、調べ学習か、実習か、座学式か、いろいろ学習方法を考えます。そのあとに、学習計画を立てます。それにしたがって実践していきます。最後に実践を集約して、実践結果を評価します。さらにカリキュラム全体を総合評価します。

課題が出たら、「課題解決学」を展開しましょう。（二三四ページ参照）

この集団的自立学習では。集団的創造力が身につきます。そこに、集団相互学習のすごさがあり、人を飛躍的に成長させるのです。

カリキュラムの「内容」「方法」「実践」などを検討するには、「人・モノ・イベント・チェックリスト法」を活用すると便利です。

フィリップス6・6（バズ・セッション）学習法によるガンジュウ学習

教育界では、集団学習の指導法にバズ・セッション（バズとは、ハチがブンブンという意味）という学習法があります。そのことを「ディスカッション6・6」とも6・6方式ともいわれています。考案者は、ヒルスディル大学総長のJ・D・フィリップスです。

大きな集団を小グループ（五から六名）に分けて、行う討議法方式です。そのプロセスをみてみましょう。

一、まず、テーマを決める。

二、大グループを五人～一〇人ぐらいの小グループに分ける。

三、各グループにはリーダー（兼書記役）を置き、それぞれのグループでブレーンストーミングを行う。
四、持ち時間は五分～十分ぐらい。
五、各グループは結論を出し、その結果を報告する。
六、この報告を全出席者の前に提示し、これにもとづいて、さらに全員による討論、あるいはアイデアの評価を行う。

私は、長年この「バズ・セッション」を看護学校の授業で行ってみました。一グループ六人を単位に七～八組に分けて、看護の現場で起こる様々な問題をテーマに、グループワーク方式で行ってみました。当然教師であるわたしも加わるので、最後は学生のまとめに対するコメントと要点の集約を行いました。リーダーは輪番制(必ず一度はリーダーになる)です。

グループ・ワークを始めた学生の感想は、「みんな自分と同じ考えだと思っていたら、それぞれがまったく違う意見を持っているのに驚いた」ということがみんなの発見でした。

その結果分かったことは、同じテーマなのにグループの報告は異なった内容で、六通りのグループの意見が出されたことです。いくらグループ替えしても、そのつどグループの意見が異なることを発見しました。不思議なものです。それはグループ内の集団的特色なのかと思い、なんども集団を解体して新たなグループ替えして取り組ませましたが、やはり異なった報告内容になっていました。その集団間の異質性はどうして生じるのか、リーダーの特質によるものか、それとも特定の個人の意見に左右されるのか、いろいろ考えてみましたが、結論を次のように整理しました。

基本的な報告内容は各グループとも共通性がありますが、異質的意見の特色はその時々のグループの雰囲気によるものと、個々人の個性（独創性）が各グループ内で発揮されているのではないかということです。集団で共通に向かう傾向性と、異質に向かう傾向性があって、異質性は個性が集団に反映された形ではないかと思いました。

そして、集団の中の個と集団の力学に注目しました。これまで「集団に埋没する個性」にばかり注目していましたが、むしろ集団に個人の参加性、参画性が、集団的特色（独自性）を創り出しているのではないかと考えました。

その結果、グループ・ダイナミックス（集団力学）は、個々人が集まって集団を形成していく過程で、個々人の意見の反映と集団で導くグループの結論の一つの作用がはたらいていて、個を生かしつつ集団でまとまるはたらきです。それは集団内における、個・集団に働く形成力ではないかと思いました。

教育力・形成力、個性伸長と社会性（集団意識）の発揮、コミュニティーの形成が、集団活動に集約されていると考えました。そこに、集団活動の重要性を見出したのです。

シニアの分団統合学習

私はシニアの集団学習に関してこのバズ・セッションを深めるために、シニアのための新たな分団統合学習を提案したいと思います。

バズ・セッションが集団をグループに分けてディスカッションを行い、各グループで内容を学習していくのに対して、この分団統合学習は筆者がそれまで看護学校で「教育学」や「行動科学」「社会福祉」等の授業で十年にわたって実践してきた学習法です。

約四五人のクラスでしたが、これをシニアの二五名のクラスに適応して説

図６　シニアの分団統合学習（比嘉）

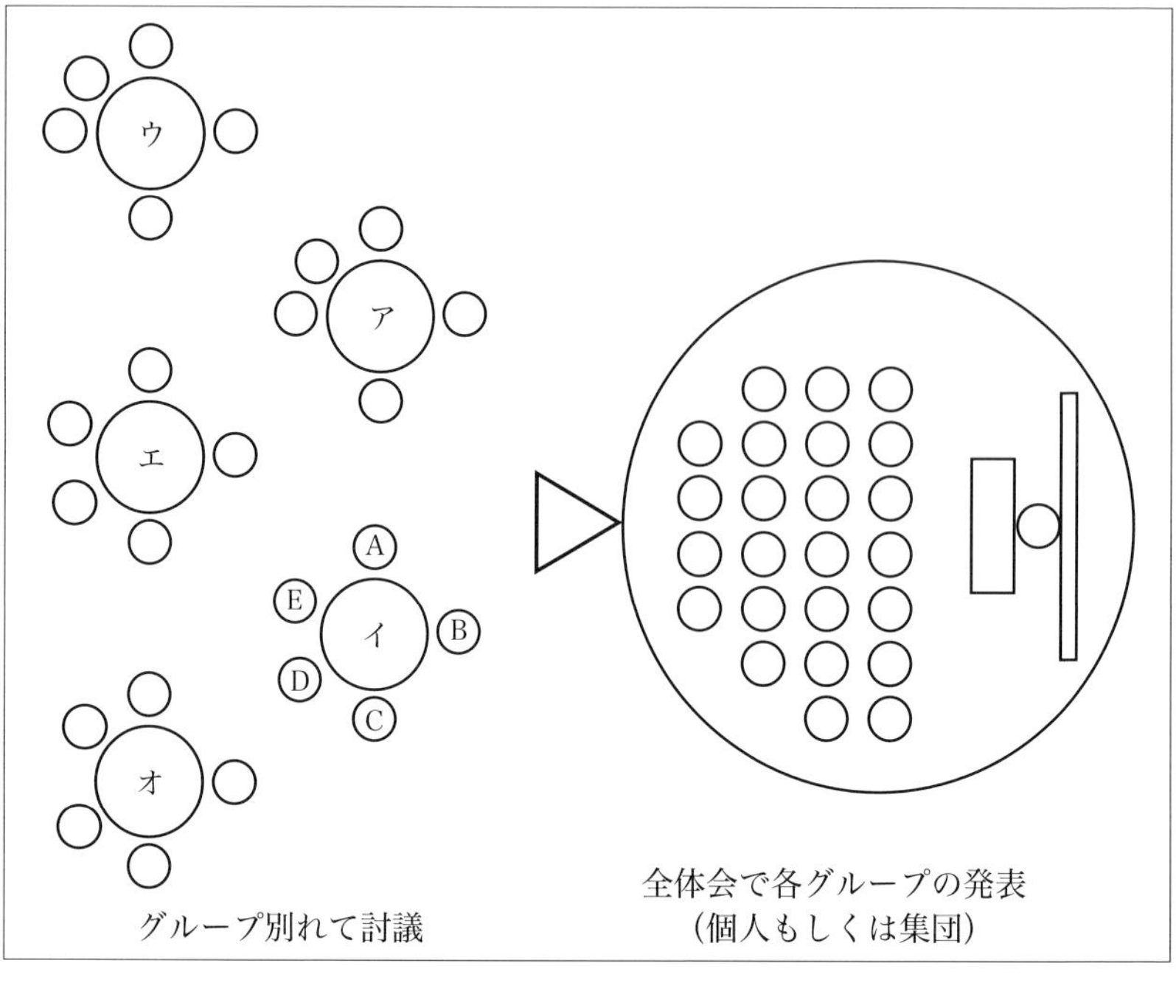

明しましょう。

時間は九〇分、まずテーマを決めます。このテーマについて五人一組で、五つのグループに分かれます。各グループで二〇～三〇分テーマについてディスカッションします。そのまとめを各グループで記録係を決めてまとめさせます。

たとえば、㋑グループを例にしますと、まとめと記録係をAとします。討議のまとめを箇条書きにして、グループで確認し合って発表の準備をします。

次にグループを全体の位置にもどします。全体の発表と質疑応答です。その時間に約四〇分使います。各グループ別に五分間で、まとめ役の人が発表します。発表が終わりますと、全体の質疑応答に移ります。

それが終わりますと、㋐㋑㋒㋓㋔の発表者は五人登壇して全体討議を始めます。登壇者が応答に困っているときは、その所属グループのメンバーが助け船を出します。

最後に教師が、全体の討議結果について論評し補足します。合わせて全体のまとめをします。

このグループ学習について毎回テーマを変えて行いますが、その都度まとめ役は各グループメンバーで交代で行います。五人が一巡しますと、五回分の討議内容について、教師がまとめの授業を行い終了します。このサイクルを繰り返していきます。

一回目のサイクルが終わると、グループ編成替えをして新しいグループでのぞみます。看護学校の学生に与えたテーマの一部を紹介しますと、「もしあなたが、ガンと宣告され余命一年と診断されたらどうしますか?」。ガンの対象者の年齢、性別、その他は各グループに任せます。身近な問題として、「もしあなたが失恋したらどうしますか?」。看護学科学生は身に覚えのあるテーマですから、議論沸騰しました。

教師のねらいは、ガンの場合は危機回復モデルの説明に使いました。失恋の場合は防衛機制(フロイト)の説明に使いました。

グループ学習の感想としては、みんながしゃべり出したことです。それぞれが違った考え方・価値観に戸惑いつつも許容していく体験の重要性です。自分たちが相互に学習する喜びです。コミュニケーションの深まりです。地方から出てきて友達ができなかったが、友達ができる機会になった。集団を通して自分を再発見る契機にもなりました。その他いろいろです。意外に思ったのは、友達ができてみんなで放課後飲みに行ったということでした。毎日楽しそうに、おしゃべりしているのにどうして?今まで友達がいなかったのではないでしょうか。

問題点は、自分の意見が否定された、グループから離れてポツンとしていたなどが反省として出されました。それを改善するために、ワンサイクルごとに、グループ替えをしてメンバーを一新しました。また、問題自体をテーマにグループ討議もしてみました。さらに、ブレーンストーミング法を取り入れ、その原則（批判厳禁と自由奔放な発言）を取り入れ、人の意見を一切批判しないこと、それをいうと笑われはしないかという考えを捨てる方法を用いて改善しました。

いつの間にか、私のことを「グループ・ワークの先生が来た」と呼んでいました。

かりゆし長寿大学校生の校外学習の例から

私は数年前から、かりゆし長寿大学校で講座を担当しています。地域文化学科の学生たちが校外学習のために、わがガンジュウ城《グスク》アカデミーを訪ねてきました。講師の私が「やんばるの自然」について話すことになりました。

ここガンジュウ城（グスク）タワーからは、やんばるの大自然が一望できますので、屋上に上がってもらい、屋上から見渡せる「自然と文化」について説明したのちに、セミナー室で懇親会を開きました。話が盛り上がり、二十数名の集団の中に三線を持ってきた受講生がおりましたので、「さあ、踊って遊ぼう」とばかり、カチャシーが始まりました。

踊《うどぅ》てぃ遊《あし》ばな　かりゆし長寿大学校生と筆者（左端）。ガンジュウ城《グスク》にて

数か月たって、受講生から作詞作曲した健康の歌「ピンピンコロリン」の歌詞とCDをいただきました。さすがはシニア、作詞作曲も自前のものです。紹介しましょう。

ピンピンコロリン

詩　新里トオル
曲　中本ツトム
編曲大城フミ子
歌　大城フミ子

一、起きようか　寝ていようか　歩こうか
寝てたら楽だよ　太ります
栄養溜めて　金貯めて
ストレス溜めて　認知症
これは危ない　大変だ
（ヘーシ）アリアリアブナイ　イチデージ
二、起きようか　寝ていようか　歩こうか

起きたら太陽《ティダ》が　眩しいよ
今日も元気で　早起きで
朝のあいさつ　おはようさん
のびのび体操　一　二　三
（へーシ）　クシブニヌーバチ　ヒャサッサー

二、起きようか　寝ていようか　歩こうか
歩けば血圧　下がります
杖も介護も　断って
まだまだ若い　そのつもり
自分の足で　歩きます
（へーシ）　七十八十　ナマワラビー

四、みんなそろって　歩こうよ
今日も明るく　元気よく
歩けば病気《ヤマイ》も　逃げていく
三途《サンズ》の川も　アノ世まで
ピンピンコロリと渡ります

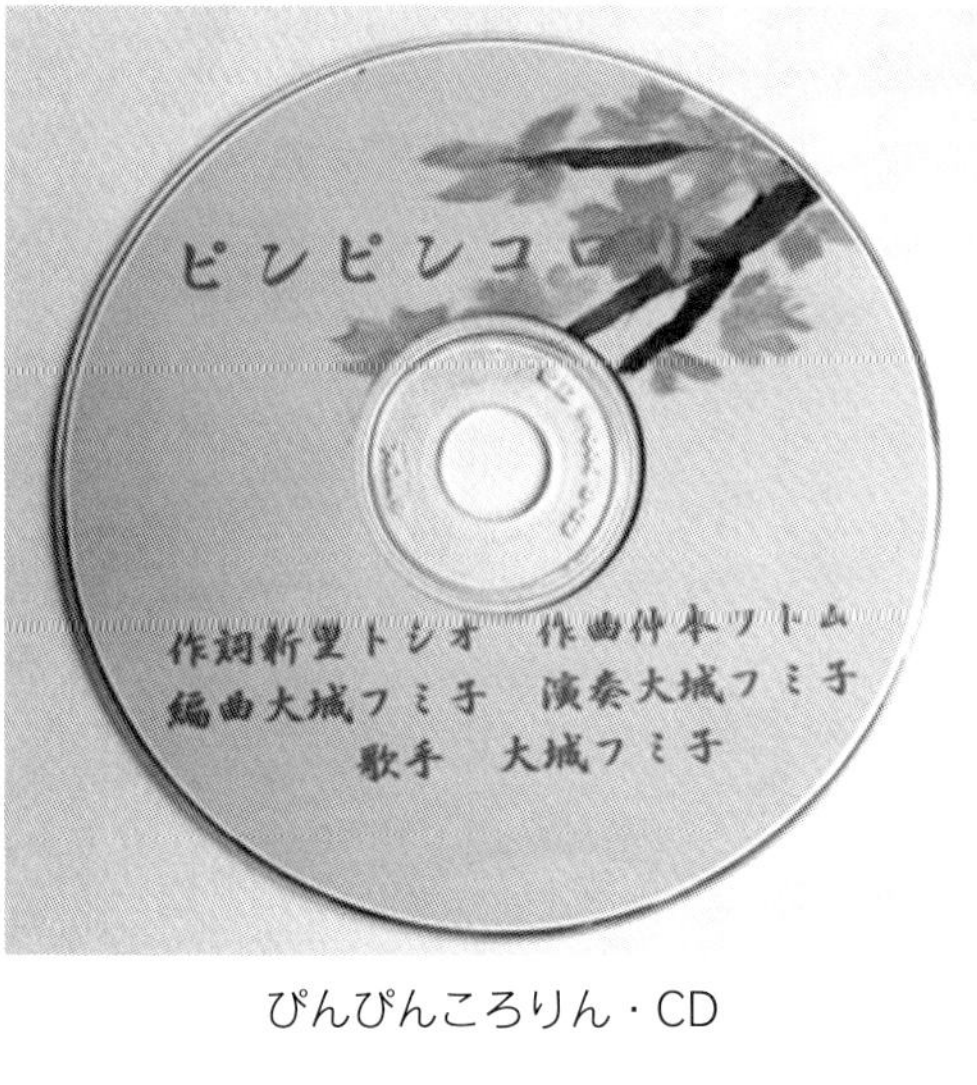

ぴんぴんころりん・CD

（ヘーシ）　グソウヤクシナチ　チャーメーカイ
グソウヤクシナチ　チャーヒンギ
グソーヌアンナイ　チャークトワイ
ピンピンコロリとピン　コロリ　コロリ　コロリ
シニアの才能に脱帽です。

エンカウンター・グループによるガンジュウ学習

生活不活発病効果的な態度変容学習――集団健康療法の雛型
考案者は、カール・ロジャーズ（ウィスコンシン大学名誉教授・人間研究センター長）。年齢、職業、生い立ちなど異なる多様な人々が、グループ体験を通じて人間理解やコミュニケーション能力、リーダーシップ能力を培い、さらに創造性や自己探求能力を高めていく集団心理技法です。
グループ・ダイナミックスや集団活動を通してガンジュウ（健康）を達成する目的の本書では、適切な態度技法なので。一通り説明しておきましょう。
① 参加者は、知らない者同士八～十五で一グループを構成し、最後まで同じメンバーで

進行する。

②　メンバーの一～二人を「ファシリテーター」（触媒役）と呼ばれるリーダーにする。

③　二泊三日～五泊六日の期間をとり、一日に二～三回、一回に一～二時間のセッションを繰り返していく。

このような日常性から離れた場所と時間の中でのメンバーの話し合いにより、自己理解、他者理解、そして能力開発を行うことを目指します。現在非常によく活用されている技法です。相互のゆったりとした交流の中から、一人ひとりの創造的な態度を引き出す意味において、集団交流の代表的な技法といえます。

技法の展開

エンカウンター・グループは、一般的には次のようなプロセスで展開されます。このプロセスにより、グループメンバーの相互理解と自己の理解を深めていきます。

①　メンバーが出会い、自己紹介などをしてお互いの存在を確かめ合います。

②　不安な心の揺れ動きを経て、メンバーは相互に受容します。

③　自己防衛が薄れ、メンバー間のコミュニケーションが活発になります。

④　個人的な側面に触れ合い、メンバーに共感や信頼感が芽生えます。

⑤　メンバーに否定的な感情が生まれる一方､他のメンバーに支援的な気持ちが生じます。

⑥　他者理解が促され、個人対個人および全体の人間関係が深まっていきます。
⑦　他メンバーから、グループでの自分の評価を伝えられ、自己認識をします。
⑧　メンバーは相互に変化し、親密性をともなった自然な関係が築かれます。
以上のようなグループ体験により、メンバーはさらなる自己成長および人格成熟を遂げていきます。

ファシリテーターの役割
①　グループの動きを意識的に操作したり、リードせずに、あくまでグループの一員として参加します。
②　積極的に参加し、メンバーの人間関係やグループの動きを促進します。
③　メンバーの発言をくどくど解釈したり、規制せずに、自由な雰囲気づくりに努めます。
④　自分自身も、個人的な感情や問題をメンバーに発表していきます。
この技法は、人の成長を目指す開発的なカウンセリングの代表的技法で、特にリーダー的役割の人に大変役立ちます。私たちが提唱するグループ・ダイナミックスにおける集団変容モデルに最適な方法です。

ＳＴ法（センシティビティ・トレーニング）体験学習

生活不活発病に適当なＳＴ法体験学習（改良型）
考案者は、マサチューセッツ工科大学・グループ・ダイナミックス研究所のクルト・レビンです。グループ・ダイナミックスという学問領域の開拓者です。
特徴は、自主的な集団生活を通じての「体験学習」を基本とする、一風変わった実験室方法をもった「人間関係訓練」のワークショップです。このＳＴ法は「無言・無題」から始まるグループ・ワークです。センシティビティは、力動的営みをもつ人間、人間関係、集団、組織、社会問題の動きや現実をあるがままに、全人的に、正確に感じとれる能力・態度という意味であります。
ＳＴ法の主な特徴をあげておきましょう。
① 現実の社会に人間心理の実験的研究を適応した。
② 集団力学による人間の態度変容を実証させた。
③ エンカウンター・グループなど、その後の集団技法の先駆けとなった。
このＳＴ法について、私は大学院生当時に一度経験していますが、この専門的方法（訓練の方法の複雑さ）はシニアの健康（ガンジュウ）という目的集団に適応するには、生活不活

発病者向けに改良して行う必要があります。その技法の学習効果のみを列挙したいと思います。

ST法による学習効果

① 自分がグループの中でどのように行動し、それがどのように受け知られるかについて理解できる。
② その結果、他人がどう反応するかを理解できる。
③ 自分の相手（他人）を見る目に、相手や他人がどう影響されるかについて理解できる。
④ 人間として、グループのメンバーとして、どう他人と接すべきかを理解できる。
⑤ グループ・ダイナミックスを理解できる。
⑥ 「自分だけそう感じる」と思う、独善的理解の誤りについて自覚できる。
⑦ アクティブ・リスニングを含む、受容的な対人接触能力、面接能力、他人を心理的に支援する能力が向上する。

このSTは必ずしも万民向きとはいえません。学生当時サラリーマンのST訓練が流行っていましたが、いくつかのトラブルも報告されていました。私も経験上、高齢者のSTは多少無理があると思っていますが、ただし、専門的STではなく、集団形成のためのグループ・ダイナミックスとしては、初歩的・改良的（エンカウンター・グループ）な活用も可能ではないかと考えています。

演劇型・クリエイティブ・ドラマチックス演劇学習

生活不活発病者を明るくする自由創作即興演劇学習
考案者　W・ウォード、ノースウエスタン大学教授で、「チルドレンシアター」（児童劇）の専門家。新しい教育方法として始めクリエイティブ・ドラマチックスを実践しました。
このクリエイティブ・ドラマチックスこそは、ガンジュウ集団にとって最適な集団的創造演劇だと思っています。なぜならば、ガンジュウグループは、公民館を舞台として非日常性（演劇）を演ずるのに格好な場所だと思うからです。従来公民館は地域の娯楽の場として、演劇（村芝居）鑑賞の場でもあるからです。
クリエイティブ・ドラマチックスはセリフも台本も監督も誰もいない演劇です。そこにいるのはガンジュウグループだけです。そう、全員が出演者ばかりです。演劇の役割も何も決まっておりません。いざ、みんなで話し合って劇のテーマが決まったら、あとはすべてグループで演出するのです。台本はありませんから、即興劇です。自分が劇の中でセリフを考えるのです。グループの自作自演です。

クリエイティブ・ドラマチックスの目的と効果

クリエイティブ・ドラマチックス（Creative Dramatics）は，身体表現による創造性の教育といわれています。それは「子供のための芸術、グループ活動である。子供はグループ活動の中で自己表現をするように指導される。他人と一緒に協力して即興劇を演じることで創造する喜びを味わう」ことが、クリエイティブ・ドラマチックスだと規定されています。

このような創造的即興劇には、まず〈台本〉はいらない。また〈技術的なもの〉に頼らない。つまり舞台、背景、衣装、照明、小道具などは必要ない。さらには、〈観客〉はいない。観客に見せるためではなく、自分たちが創造劇を楽しむためです。それは子どもたちの自発的な「ごっこ遊び」に似ています。

クリエイティブ・ドラマチックスの目的はいろいろいわれていますが、その主な目的をあげると以下の通りです。

ウォード（Winifred Ward）の見解

① 健全な感情のはけ口を与える。

② 芸術的な活動を通して自分自身を表現する道を与える。

③　社会生活の正しい理解と協力の精神とを学ぶ機会を与える。
④　自分で考え、しかも自分の考えを恐れずに表現する経験を与える。

シックス（Geraldine Brain Siks）の見解
①　勇気と自信をもたせ、創造的な表現力を発達させる。
②　社会生活における正しい態度と人間関係を発達させる。
③　情緒的安定を発達させる。
④　身体的調節を発達させる。
⑤　社会生活の原理を学ぶ機会を与える。

バーガー（Isabel B. Burger）の見解
①　健康で均整のとれた身体。
②　弾力性と流暢性に富んだ口答による思想の表現。
③　同僚に対する深い理解、及び思い遣りのある理解と態度。
④　活気にみちた創造的な想像力。
⑤　豊かな機知と自立の精神。

⑥　進取の精神。
⑦　統御され、安定した情緒。
⑧　グループと協力して行く能力。
⑨　家庭、教会、学校、社会、における健全な行動のあり方。
⑩　審美的感受性――形、色、線の美に対する正しい鑑賞力。

クリエイティブ・ドラマチックスによって、想像力が伸ばされるなら、生涯を通じて次の五つの基本的な生活領域の洞察力を育てるだろうといわれています。その重要性について、要約すると次の通りである。

①　物的環境を改善することに――想像力は各個人が自分の環境を変えるのに役立つ。自分の家のまわりのものを新たに創造する手助けをする。子供は人形の衣装を作ったり、木の家を建てたり、絵を描いたりする。また芝居をしたり、人形のショーをやったり、自動車を走らせる方法を考え出したりするが、いずれにせよこのとき彼は自分の創造力を働かせそれを物的方向に適用しているのである。彼は自分の環境を作りあげている事物に触れ、それを変形させる力を徐々に養っていく。「何もないところから何かを作る」ということは生きる喜びをあじわうことである。

②　予期せぬ状況に対処することに——想像力を働かせる方法を学ぶと子供は機智に富んだ頼りがいのある人間になる。火急の事態や予期せぬ出来事に出会って、問題を解決する分別ある態度を徐々に発達させるのである。

③　アイデアや意見を表現すること——創造性豊かな個人は事物を視覚化する能力、描写する能力、独力で判断する能力をもっている。感受する能力をもっていれば個人は自由に自分の意見を表現したり、行動の計画を立てたり、また物のかちを考えることもできる。想像力を用いれば他人との交流が可能となり、自分の考えをうまく伝えることができるようになる。

④　孤独を楽しむことに——創造性豊かな人物は時には好んで孤独になる。孤独の中に楽しみを見つける。そんな時に，思い思いの方法で自己の創造精神を新たに補い満たすのである。創造性をもった人間は楽しみ方を知っていて、自分の満足のいくやり方で創造の楽しみを味わう。

⑤　社会的な関係を強化することに——個人が心を開き、ささやかながらも他人の生活を明るくする手段を見つけるために、その想像力を働かせる時友情が芽生える。幸福は個人からはじまり他に広がっていく、これが生活の真実である。幸福は、他人とかかわり他人を思いやるという創造的態度をもつことによって得られる。

クリエイティブ・ドラマチックスは子どものための演劇活動です。子ども・児童の代わりに「シニア（高齢者）」と入れ替えてみても、その演劇は高齢者向けに十分適応できると思います。目的と五つの基本的な生活領域の洞察力は、シニアにとっても重要な目的になるからです。老いては子どもになって、ガンジュウ演劇を楽しみましょう。

ガンジュウグループの寸劇・即興劇を作ろう

お笑いユンタク劇場（ブレスト演劇）

まず頭を空っぽにして・錯乱状態にしてブレストの準備。
ブレストで劇のテーマを決める。
配役もついでに決める。
ストーリーの展開は自由にまかせる。
セリフはその場その場で即興的に。
内容はなるべくおもしろいものにする。
公民館の話し合いの場が舞台
観客はお互い。他に誰も見る人はいない。

チャリティーショー（今帰仁村コミュニティーセンター）

舞台演出はグループ全員
結末はどうなるのか、みんなもやってみなければわからない。
スタート
展開？
エンド（終了）

どんなドラマになりましたでしょうか

シニアの場合、ほとんど教養が邪魔してごめんなさい劇場では？　教養って飾り物かと思えば、邪魔者なんですね。あんなにおしゃべり好きなのにね。万葉人にやらせてみましょう。

それこそロマンチックな「和歌の演劇」になるでしょう。吟遊詩人の万葉人を古い時代の人と片づけていいでしょうか。かの者たちこそ夢見る演劇者です。ロマンチストです。子どもならどうでしょう。「テーマ」さえ決まれば、「鬼ごっこ」のようにすぐに展開します。子どもの遊びは演劇です。遊びはまねごと（模倣）をして遊びます。演劇も演ずる人の模倣です。

女の子は劇づくりの天才です。「ままごと劇場」では。自作自演のドラマチックな世界を展開します。「お人形さんごっこは」その極みです。一人五役もやってのけます。ごっこ遊びが終わったら、普通の現実に戻ります。そして普通の生活をします。遊びと現実をきちっとたて分けています。

子どもたちは遊びで育ちます。演劇遊びでドラマチックな世界を作って遊びます。舞台は、はるかに地球を越えて「宇宙」です。鉄腕アトムは宇宙のドラマです。

ウォード、シックス、バーガーらは、子どものドラマチックな世界に「創造劇の意義」を見出したのでしょう。

グループ・ワークやグループ・デスカッション、も真面目な演劇です。シミュレーションも、模擬という意味ではリハーサルです。真面目な話をしているだけです。グループ・ワークやディスカッションが終われば、もとの現実に戻るのは子どもの遊びと変わりはありません。あるとしたら「社会的有用性・価値」を大人は生み出していることだけです。子どもは、有用性を生み出す代わりに演劇遊びを通して「全身を感動と満足で膨らませ」ます。ですから、教育効果があるのです。

七　自前のガンジュウカリキュラムづくりとリーダーの養成

比嘉佑典

自主的なガンジュウカリキュラムづくり

各地域の公民館での、自主的なグループの学習カリキュラム作成の要点を示します。

ガンジュウカリキュラム作成十一ケ条

第一、健康のために運動を入れる。

散歩、見学、調査、地域史跡散歩、スポーツなどの足を使い運動を考慮してカリキュウラムやプログラムをつくる。

第二、娯楽、レジャー、レクリエーションなど体験学習にする。

①　室内娯楽、みんなで楽しい娯楽を企画する。みんなで踊りを覚える。発表会もする。

②　野外娯楽、遠足、見学、村遊び、いろいろ取り入れる。

第三、地域のモノ・施設資源を活用する。

「人・モノ・イベント・チェックリスト法」による、チェックリスト表とマップを活用して企画を立てる。（二七一ページ参照）

第四、地域の人材資源を活用する。

第五、地域の年間行事を活用する。

それも、第三と同様である。

第六、ボランティア活動を入れる。

ガンジュウ学習チームとして、地域の行事に参加する。

シニアの力で社会貢献活動を考える。

第七、地域の子や孫たちとの交流も入れる。

地域の学校教育と協力して「おじい・おばあと孫たちの手作り教室」など開催する。

第八、健康管理や健康法について講習会の開催も入れる。

第九、ガンジュウ料理を作る。

薬草や自然の野菜を採取して、それを料理して食べる。

第十、他シマ（まち・村）のシニアと交流会や旅行を楽しむ。

第十一、ユンタク・マラソンを開催する。

マラソン大会ではなく、ユンタクのマラソン、ユンタクギネスブックに挑戦しよう。

ユンタクは快感デービル。ストレス解消デービル。

全体的に、体の健康、心の健康、みんなのコミュニティーを考慮してカリキュラムを組みます。その場合「楽しい」ことが条件です。

カリキュラムの企画案の作成
後方の「海洋シニア移動大学のカリキュラム」や「付録」にあるカリキュラム一覧を参照して作成するといいです。

カリキュラムの立て方

① 年間カリキュラムを立てる方法。
② 半年あるいは三か月コースを立てる方法。
③ 回数で立てる方法。

④　季刊で立てる方法。
地域の実情に合わせて、それぞれ作成することが重要です。

費用はどうしますか

なるべく手弁当です。したがって、わずかな費用で自主運営を行うために、地元の人材資源やモノ、設備資源を活用します。高い講師料を払って、専門家を招くことは経費節減になりません。どうしても専門家の意見を聞かなければならない場合は、行政と相談した方がいいでしょう。原則は手作りです。

例えば、渋谷大学（渋谷区）、若い二〇代の学長が中心となって経営していますが、全ての講師は渋谷在住の方々です。ほとんどがプロ級の仕事をしている人材を集めています。その集め方がユニークです。「ふるさと渋谷のために、一講座を無料提供しませんか」として講師を募ったところ多数の方々が協力しています。講座受講費はゼロです。その反響はいくつかの地方都市にも波及し、それぞれがその地域名の大学（ＮＰＯ）を開校しています。

ここは沖縄、特に農村ではどうしましょうか。人材やモノ、施設等の資源には恵まれておりません。講師や施設の利用が不便でしたら、それなりの考えがあります。海洋シニア移動大学のように、羽をつけたガンジュウグループにしたらいいのです。地元に人材やモノ、施設等がなければ、あるところに足を運べばいいのです。「われら学び隊」「ワンダーホーゲル一家」（渡り鳥）、「学習キャラバン隊」「ゆいまーる教室」「知の冒険隊」「まち中・ムラ中探偵団」などいろいろ楽しい名前を付けて、学び歩くことも始めてみてください。体験学習もかねた生きた学問が可能です。それこそがガンジュウ学習です。いろいろ工夫をして、自前のカリキュウラム・講座を作りましょう。

ガンジュウグループ学習の基本は、あなた自身です。六十数年の知的財産・体験的財産の持ち主です。それをうまく使い果たせばいいのです。五人おれば、五倍の自主学習ができます。何事も楽しく、思い思いにすることが一番です。

集団学習におけるリーダーの役割

グループ学習を進めていくにはリーダーが必要です。これまでシニアリーダーの必要性で述べてきましたように、グループを動かしていく場合や集団をまとめるにもリーダーが必要です。リーダーの力量によって集団は望ましい方向に発展していきます。

では、どのようなリーダーが望ましいのか、リーダーの資質についてみてみましょう。

リーダーの5Pの能力

簡単に「P」でまとめてみました。
P（プロフェッサー）─指導力・教育力・先生的役割。
P（プランナー）─計画を立てる能力。
P（プログラマー）─計画の予定表、催し物の順序・番組の予定を進める能力。
P（プロデューサー）─プログラムを演出できる演出家・監督の資質。
P（プロジェクト・マネジャー）─組織の円滑なプロジェクトの管理のできる能力。

リーダーの決定的能力

夢（ビジョン）を描く能力です。夢を全員で共有して「夢の実現」へスクラムを組める人です。そしてコミュニケーション能力、そのことにつきます。

リーダーの条件―理想のリーダーとは

集団的リーダーの要素について、近藤裕は「リーダーのエンパワーメント（能力開化・啓発）」として取り上げていますが、てごろな解説ですので引用（要約）してみましょう。

リーダーのエンパワーメントの四つの要素

ビジョン――ビジョンが明確である人は自身がエンパワーされ、また、他人をエンパワーすることができる。

パッション――ビジョンを持っている人は情熱に燃え、ビジョンの実現に向けて動機づけが高く、活力があり、輝いている。人は魅せられ、寄ってくる。

コミュニケーション――ビジョンに燃えているリーダーは、そのビジョンをまわりの人びとに語り、伝える。また、迫力、説得力がある。人びとはビジョンを共有し、実現に向けてともに行動することを選ぶ。

アクション――ビジョン実現に努力と行動で示せるリーダーは、人びとの行動を招く。そこにエンパワーされたリーダーと、エンパワーされた人びとのやる気集団が生まれる。

以上の四点を図式化したのが図7である。

図７　リーダーのエンパワーメントと組織エンパワーメントの力学　（近藤裕）

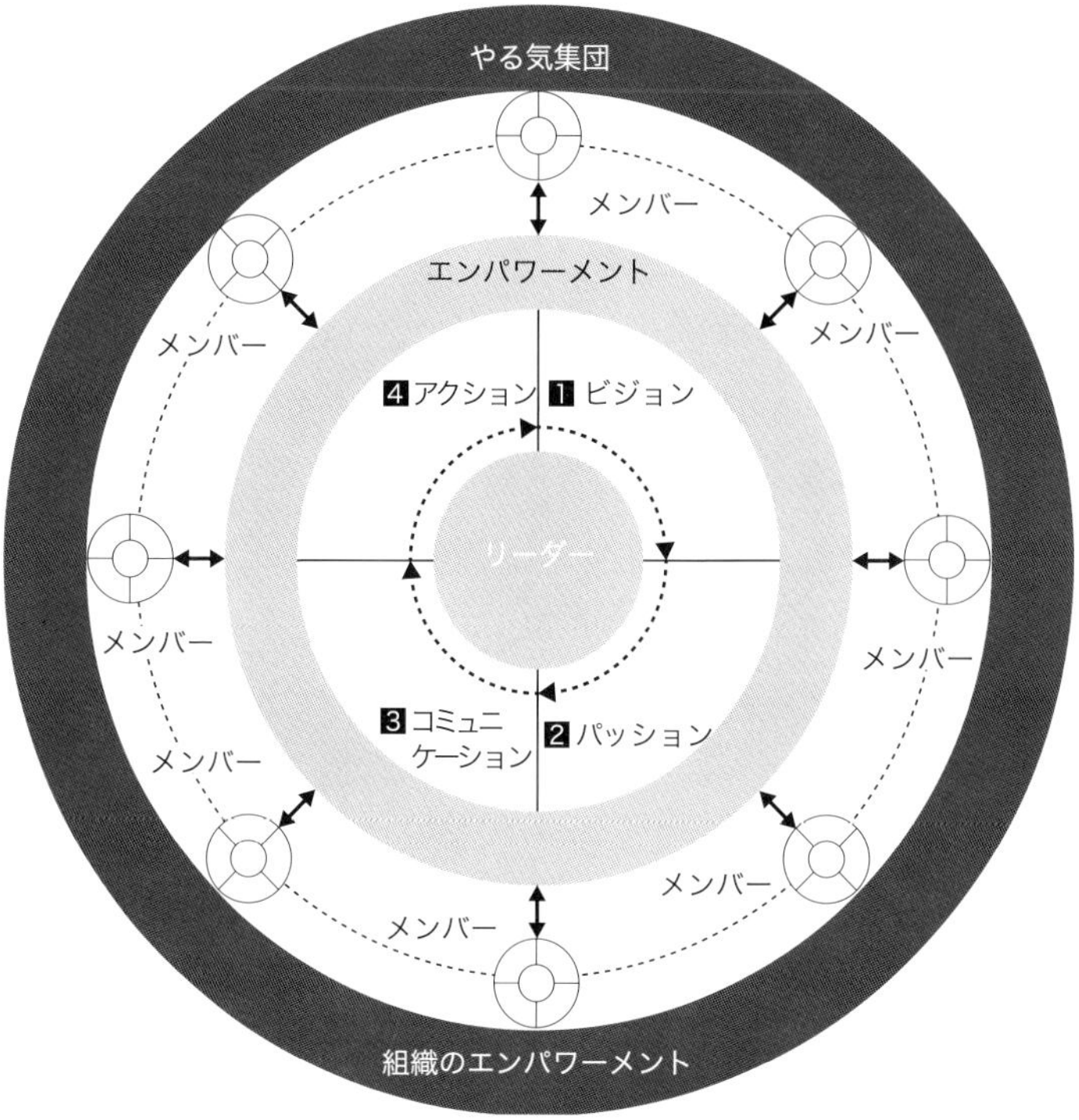

またその他に近藤氏は、次の二点を加えています。

インフォメーション（情報収集能力）

①　スタッフに関する情報──仕事上の能力、やる気のパワーのレベル、やる気の阻害要因。

②　スタッフに伝える情報──事業用計画・事業遂行に関する情報。

③　外部の情報──社会の動静や外部情報の収集能力。

パスTージョン（説得力）

業務の遂行を自発的に行わせる能力。自分の情熱が伝わり、部下（メンバー）自身の情熱を喚起させる能力。

私はこれらのリーダーの資質を、「人間力」に求めたいと思います。人間力はメンタル（精神性）とソーシャル（社会性）、スピリチュアル（魂の、霊的な）と見えざる者への畏敬の念を備えている力です。

リーダーになるために、これだけ多くの資質を身につけなければならないかといえば、必ずしもそうではありません。それは理想的タイプです。リーダーにとって最も肝心なのは「他人を理解する能力」だと思います。加えていえば、コミュニケーション能力も必要でしょう。他人を理解する能力こそが、リーダーの唯一の能力だといってよいでしょう。

ガンジュウリーダー養成とカリキュラム

ガンジュウ城《グスク》アカデミーの海洋シニア移動大学で実施しているプログラムを紹介しましょう。

コースの編成

一クラス五～六人コース（単位）

一クラス一〇人コース（二組制）

一クラス一〇～一五人コース（三組制）
一〇回　期間二～三ヵ月

リーダー養成講座（全一〇回）

一回　入所式
ユンタク自己紹介　リーダー講習会のガイダンス　日程　創造技法の解説
「グループ・ダイナミックスの方法」「ブレーンストーミング法」のトレーニング
二回　グループ・ダイナミックス（集団力学）の講義　小集団学習の形態　小集団学習の実践・フィリップスの6・6方式バズ・セッションのつくり方
三回　問題解決の基本　問題の見つけ方　問題解決法の指導　問題解決課程のブレーンストーミングの活用　演習「グループ問題解決演習」
四回　希望点列挙法の演習　欠点列挙法の演習　焦点法演習
両方法を使ったグループの「夢のデザイン」計画
五回　チェックリスト法の演習　多種類のチェックリストの解説　チェックリストによる問題解決　グループ実演「何でもチェックリストの作成」（各自のリスト作成）

六回　チェックリスト法による地域の人材資源　物的資源、情報ネットワークのマップづくり　マップの活用法とグループ学習への展開

七回　ＫＪ法演習　グループＫＪ法実践　ＫＪ法での問題解決　カードを使ったＫＪ法のまとめ　ＫＪ法におけるグループづくり（集団組織論）

八回　ラベルを使った図解法　ユンタク・ラベル法の演習、ユンタク・ラベルで「新聞づくり」　ラベル学習とＫＪ法の活用　実践ラベルＫＪ法

九回　エンカウンター・グループ演習　クリエイティブ・ドラマティクス演習

十回　ガンジュウカリキュラム論　ガンジュウカリキュラムの作り方。グループ編成論
　　　グループ学習指導　リーダーの評価
　　　総括

プロを目指すリーダー養成を兼ねた年間カリキュラム一覧

表４　リーダー養成年間カリキュラム一覧

月	日	曜日	午前（10：30 ～ 12：00）午後（13：30 ～ 15：00）	
4月			入学式（主宰挨拶）講演「生涯現役宣言」	
			ホームルーム　事務局（公民館）リーダー養成プログラムの説明（　　　）	
			グループガィダンス（　　　） リーダー研修「ブレーンストーミング」（　　　）	
			生活不活発病・チンダリ病（　　　） リーダー研「グループワークの意義」（　　　）	
5月			自然の癒しと健康（　　　）公民館「数人のチョンダラー演芸」	
			リーダー研修「小集団活動論」（　　　） グループダイナミックス（集団力学論）（　　　）	
			海・山・島と人生（　　　）字公民館「数人チョンダラー演芸」	
			海洋民族論―１日美ら海公園「海洋文化館・東南アジアの海洋民族」研修	
6月			海神祭りとハーリー（　　　）リーダー研修「問題解決の過程と方法」	
			海の食生活・栄養学（　　　）倶楽部活動	
			水泳と健康法（　　　）グループレクリエーション実技（　　　）	
			受講生･各字のシニア自由参加による村芝づくりコンテストガイダンス（　　　）	
7月			新健康論・GANJU オアシス（　　　）倶楽部活動	
			合宿行事　屋我地ビーチで踊るフラダンス講習会、ワークショップ・懇親会	
			マリンスポーツ・球技レジャ大会（　　　）倶楽部活動	
			ゆんたく健康朝市（　　　）村の人材・資源マップづくり（　　　）	
8月			受講生と各字のシニアによる 「夏休み・孫とおじい、おばあーの折紙・草編み玩具教室」	
			海のトレーニング研修報告（　　　）事故と救急法の実演（救急の指導者）	
			イベントの企画作りノウハウ（　　　）倶楽部活動	
			中ゆくい（夏休み）　　　　夏休み	
9月			中ゆくい（夏休み）夏休み	
			寸劇指導（　　　）各グループ寸劇づくり（受講生）	
			健康・介護・予防医学（　　　）倶楽部活動	
			旧暦・村遊あしび・毛遊あしび・うちするて、遊びできらさな（　　　）	
10月			村を歩こう・路上観察ウォーキング　フィールドワーク（社会調査演習）	
			留学生との懇談会（　　　）倶楽部活動	
			シニアボランティア活動の在り方（　　　）寸劇発表会（各グループ）	
			老若男女・シニアスポーツ大会	
11月			村芝居舞台づくり　受講生対抗「村芝居コンテスト」	
			イベント・企画づくりノウハウ（　　　） GANJU オアシス・カリキュウラム･づくり	
			「島唄とちむぐくると○○と歩く歌の旅」（　　　）	
			シシ鍋会（シニア・シンメーナビ）「くわっちぃサビラ」（受講生）倶楽部活動	
12月			地元のおじい、おばあ―と語る村の昔話・暮らしと人生（受講生）	
			世界遺産・今帰仁城お参り（今帰仁歴史文化センター）（　　　）	
			長命酒・泡盛古酒の作り方（　　　）倶楽部活動	
			みんなで楽しもう「シニア・メリークリスマス会」（受講生）	
1月			冬休み　　　　冬休み	
			「正月でぇむぬ」手作りの琉球舞踊と唄と三線	
			グループ学習・活動発表会　私の自慢の物・一枚の写真展示会	
			遊び博士の「笑いの医学・笑ってガンジュウ」（　　　）倶楽部活動	
2月			リーダー研修「フィールドワーク(社会調査実習)	
			リーダー研修まとめ　リーダー研修発表会	
			卒業式・修了式　アトラクション（　　　）	

八　シニアは何をすればよいか、なにがやれるのか

比嘉佑典

シニアパワー戦略研究所構想の私たちのねらいは、最終的には、シニアが社会を変革する革新運動です。

なぜか、彼らには社会のしがらみ、仕事でのしがらみ、権力機構の枠組みの外にいるからです。何の気兼ねもない自由人だということです。ペコペコ頭を下げることもなければ、社会に気兼ねする必要もありません。ゴマをすることなんてありません。

つまり、カヤの外にいる自由人なのです。「歴史では革新は常に周辺から起こる」という鉄則があります。社会の辺境におかれているシニア、カヤの外に置かれているシニアこそは、改革の旗手です。

その改革の目的は、ふたたび社会に自分たちの居場所・新しい仕事場を作り出すことです。

ズバリ言って、シニアに不足しているのは生活費です。特に生活費を自らの手で創り出すことが肝心です。つまり、雇用の創出です。さらに、地域の中に生きがいのあるコミュニティーづくりです。

なぜ変革か、革新か、答えは簡単です。現代の社会はシニアの雇用と生きがいを保障していないからです。ですから、挑戦してもいいでしょう。

シニアの主な雇用創出作戦は、社会企業・コミュニティービジネスの実現です。

社会起業家への挑戦

社会起業家（ソーシャル・アントレプレナー）とは何でしょう。社会企業家とは一言でいいますと、医療、福祉、教育、環境、文化などのサービスを事業として行う人のことです。いうまでもなく、アクティブシニアたちが学習してきたのは、地域の医療、福祉、教育（生涯学習）、環境問題、文化、スポーツ、レクリエーション、ボランティア活動です。これらを組織化してサービス事業にする可能性があるからです。ましては、シニアリーダーは最適任です。社会起業家の資質は、これまで述べてきたように創造技法の持ち主だからです。

私ごとをいわせてもらえば、日本創造学会の創造的人材開発の目的は、社会起業家の創出を目指しています。さらに集団的創造開発による創造的問題解決力の養成と創造技法の熟達です。

社会起業家について概観してみましょう。

地域にビジネスを興し、労働力を再教育し、経済的な成果まで創造するのは、きわめて社会起業家の仕事であります。

その社会起業家の成功する条件は、

① リーダーシップがあること。

② ストーリー・テラーであること。

③ 「人」のマネジメントができること。

④ 理想家でありオポチュニスト（ご都合主義）であること。

⑤ アライアンス（同盟）の構築者であることがあげられています。

⑥ 加えて私は、「コネクション」（団体や組織との関係づくり）をあげておきましょう。

『社会起業家』の著者である町田洋次は次のように述べています。

市政改革などの組織の改革にあたっては、たとえそれが国や地方の政治家のサポートを受けている場合であっても、起業家的なシニアリーダー（マネージャー）の存在は不可欠である。彼らは次のような特質を備えているとしています。

①　彼らは改革を妨害する既得権勢力と対抗し、縦割りになった組織の上部を統合・再編する。

②　彼らは民間企業や他の公的機関など外部に対して開かれた目を持っている。

③　彼らは自らの組織が取り組む問題の複雑さと難しさを認識しており、それらの問題を解決できるかどうかについて承知している。

④　彼らは自らの役割の限界を知っている。彼らは起業家精神を押し付けることはせず、現場のスタッフを励まし責任を持たせる。

⑤　彼らは自らの仕事の政治的・公的な側面をよく理解し、自分たちのしていることが正当性・合法性を獲得できるよう周囲と調整できる。

⑥　彼らはたぐいまれな持続力がある。公的部門では改革は時間がかかるので、その問題に対する執着心だけが成功のもとである。

⑦　彼らはよい仕事をするためには、市民起業家にならなくてはならないことを認識している。彼らは自らの専門領域に閉じこもることなく、スタッフとクライアント、組織のマネージャー、政治的リーダー、組織とそのパートナーの間に関係を築くことを援助する。

シニアリーダー（マネージャー）は、先にふれたように「カヤの外」的存在ですからできるのです。

アメリカでも社会起業家に近い概念があります。グラスルーツ・リーダーと呼ばれています。草の根のリーダーです。彼らは破たんした自治体の産業再生に、グラスルーツ・リーダーの市民ネットワークが役立ちました。

市町村の自治体の倒産は、自主再建が唯一取られるべき道ですが、その結果はそれらの地域住民に重くのしかかってくることでしょう。その準備はしておいた方がいいようです。自治体が「公的」だからといって倒産しないとはいえません。アメリカの例がありますし、夕張の例もあります。沖縄にワースト一〇内に三村もあるということは、将来間違いなくといった方がいいかもしれません。

シニアたちもその自覚をしておく必要があります。いい例は、長寿県日本一がガタガタ崩れ落ちたではありませんか。順位が変わったぐらいはまだしも、経済的・財政的破綻は深刻です。ひごろから、アクティブシニアパワーをつけておく必要があります。グラスルーツ・リーダーいわゆる社会起業家（ソーシャル・アントレプレナー）の育成は急務です。行政が破たんした場合は、誰も責任をとりません。先刻テレビのニュースでも承知しています。

アメリカのグラスルーツ・リーダーの特徴を紹介しましょう。

第一に、彼らは、地域経済を古い産業から新しい産業へ転換し、ニューエコノミを構築しました。

第二に、彼らは起業家としての個性を存分に発揮しました。

第三に、彼らは共同作業を推進するリーダーシップに優れていました。

第四に、彼らは高い志を持ち、短期利益志向ではなく、長期利益を狙って仕事を進めています。

第五に、彼らはチームを組んで、地域再建という大プロジェクトに挑んでいます。

これは太平洋の向こうの大規模な話ですが、原理は全く変わりません。

しっかりしたデータに基づいて出された『地方消滅』（増田寛也）の本は、全国八九六の市町村が消滅するというショックな報告をしています。災害でいえばパニック状態、大震災以上の壊滅的状態です。東日本大震災の衝撃は、この目で見ることは可能ですが、約一千の市町村の崩壊は、崩壊の音一つ聞こえないから危機感が肌身に感じないかもしれません。だが、確実にやってくるだろう大津波の予感がします。

家庭・地域の仕事の復権とシニアリーダーの活躍を

かつては家庭や地域社会で相互扶助的に行っていたことが、ことごとく国家・行政がするようになりました。わずか百年足らずのことです。私的サービスが国家・行政サービスに統合されて、画一的な公的サービスに転換して、法的に、制度的にがんじがらめにしてしまいました。経済不況になると、国民・住民にしわ寄せがもろにきますが、官僚行政機構はいたって健在でびくともしません。

しかし、地方消滅の報告は、びくともしなかった官僚行政機構を侵食し始めました。「もう官僚主義ではだめだ」の声も聞かれます。そのままでいいはずはありません。何とかしなければなりません。

視点を変えるだけで、仕組みが変わる可能性があるのは、逆転の発想です。国家サービス体制をひっくり返せばいいのです。つまり、国家の統一的サービスを私的なサービス、民間サービス、地域サービスに返せばいいのです。家庭・地域サービスの原点回帰です。

その時の出番は、草の根的な地域再生の担い手（シニア）・社会起業家ですし、NPOの活躍です。NPOはじわりじわりと増えてきています。最近では加速しています。

アクティブシニアが自らの家庭・地域社会の担い手として活動するのはそう遠くはありま

せん。四人に一人のシニア社会が目の前に来ています。単に健康になって医療費負担の軽減ということだけではありません。

新たなコミュニティーの作り直しに、今最もアクティブシニアの力がどうしても必要なのです。地域を空っぽにして働いている現役の社会人が、地域コミュニティーの再生にまで手はとどきません。シニアが地域を変えるという気概が今こそ必要です。

コミュニティーデザイナーとして地域を変えよう

シニアの経済的雇用の問題としての社会起業家の必要以外に、「生きがいのある地域づくり」にシニアの活躍が期待されていますし、自らの生きがいづくりも課題の一つです。シニアの住みよい地域づくりを自分たちの手によるコミュニティーをデザインしましょう。

本書の講座を受講すれば、または各自で学習すればコミュニティーデザイナーの資質が培われます。本著の目的は、そのことを目指しています。本全体はコミュニティーづくりのノウハウ（技法）を多く取り入れました。

さて、コミュニティーデザインとは何でしょうか。

簡単にいえば、自分たちで村や街をつくることです。

誰がつくるのですか。みんながつくるのです。しかし、現実には、地域に根付いているのはシニアたちです。他は就職していますので地域に目が届きません。現代は男女共同参画時代です。母たちも働きに出ています。そうしますと、地域にコミュニティーをつくり出す力はシニアたちです。コミュニティーをつくるのは簡単です。

しかしその前に、コミュニティーについて整理しておきたいと思います。

コミュニティーとは何でしょうか

コミュニティーとは、共同体と訳語をあてています。地域共同体、村落共同体、共同体社会などということばがありますが、共同体は、血縁的、地縁的、感情的なつながりによる共同生活を営む集団（共同体）のことです。また、地域共同体（地域コミュニティー）は、地域住民が生活をしている場所、すなわち消費、生産、労働、教育、衛生、医療、遊び、スポーツ、芸能、祭りに関わり合いながら、住民相互の交流が行われている地域社会の意味です。最近では、地域共同体は様々に変化してきています。共同体が地域に固定されているのではなく、多様性を持つようになりました。そこで新たにコミュニティーの概念も変化してきています。

そこで、コミュニティーとは同じ趣味・目的の下に形成される集まりをコミュニティーと定義しています。

ですから、アクティブシニアが、新たなコミュニティーをつくるのは簡単です。公民館を中心とするガンジュウグループは、即コミュニティーです。特別なことではありません。

コミュニティービジネスも、社会起業家を中心にシニアが頑張れば、コミュニティーを中心としたゆいまーるビジネスになります。

コミュニティー欠乏症の社会

コミュニティーは、高齢者のみの問題ではありません。

二〇一〇年に放映されたＮＨＫ「無縁社会～無縁死・三万二千人の衝撃～」は、全国に衝撃を与えました。伝統的な家族制度、地域共同体の結束は、日本国民の集団性の特徴として知られていました。それらが、あっという間に崩壊しはじめたのです。核家族化そして家族崩壊、孤独死の道を歩みつつあります。

一方、一人暮らし(単身化)、生涯未婚、ひきこもり、うつ病といったことが進行しています。

ＮＨＫ取材班の『無縁社会』（文芸春秋）を読みますと、寒気がしてきます。なんていうことでしょう。文明は、物質の豊かさと幸福な生活を夢見てきたはずです。それが共同体は枯れ果てて、これまでいわれてきたコミュニティーは崩壊の一途をたどっています。コミュニティーを失った社会は、すべてのものの存在意義を根こそぎ引き抜くようなものです。社会のあらゆる領域で、コミュニティーの崩壊が現れその回復に躍起となっています。それでも時代は、ようしゃなく変動していきます。進化していきます。そこで、あらたなコミュニティーを模索しはじめました。

地縁型コミュニティーから目的型コミュニティーへ

旧来の地縁型コミュニティーは、その地域に住むことによって生まれる縁で、自治会、老人会、婦人会、子ども会、または町内会、様々な組合に属して活動をすることです。最近では、それらの地縁型コミュニティーも弱体化傾向にあります。自治会や婦人会、子ども会等の加入率は減っていく傾向にあります。義務として組織化されていますが、形骸化は免れません。

かわって、近年増加傾向にあるのが目的型コミュニティーです。そのコミュニティーは、ある目的を持って、またはあるテーマごとに集まるという集団です。

趣味や娯楽、レクリエーション、スポーツ、カルチャーセンター、学習活動、ボランティア活動、○○友の会、○○団体、NPOといった、それぞれの目的やテーマによって活動するコミュニティー集団が草の根のごとく広がってきています。

行政の組織化する集団組織は、形骸化する一方で頭を悩ませています。役員だけが決まっていますが、活動はかんばしくありません。そこへいくと、自由な目的コミュニティー集団は、社会のコミュニティーの在り方と社会変革の動因にもなってきています。

コミュニティー空間の屋内化

コミュニティーにおける大きな変化は、野外的地域から室内の場所に変化したということです。地域活動の室内化現象です。スポーツ・運動系以外は、特別に野外の地域を必要としません。活動できる部屋があればいいのです。ですから最近では、コミュニティーを「居場所」と解釈するようにもなりました。居場所づくりが盛んです。居場所がないことは、社会問題にもなりつつあります。

こうして、コミュニティーは屋内化がどんどん進んでいます。逆に地域社会の共同体は、弱体化してきています。そのことも旧来のコミュニティーを変える、つまり共同社会を変える要因にもなっています。そのまま地域社会の崩壊を、黙ってみているわけにはいきません。なんとか知恵を絞って、地域を回復する必要があります。政府も地域創生、地域再生を連呼しているではありませんか。

私たちが進めるガンジュウグループは、そのまま現代のコミュニティーといえます。

コミュニティーの変容は旧来の行政システムを変える力です

現代の行政組織は、旧来の地縁型コミュニティーを基盤としています。ほとんど機能していない地縁型コミュニティーで何が起こっているのでしょうか。

行政が主導してつくりあげた、行政型コミュニティーネットワークは衰退の傾向にあります。地域の行政主導型の団体は形骸化して、活動の内容もかんばしくありません。「笛吹けど踊らず」の感があります。

行政サービスも財政的貧窮から、地域の隅々にまで手が届きません。したがって地域は疲弊していきます。何でもかんでも国・行政主導のサービスに限界が来ています。

変わってNPOの活動は年を追うごとに増加してきています。その勢いは経済学者のドラッカーを驚嘆させました。彼の著『ネクスト・ソサエティ』では、「NPOが都市コミュニティーをもたらす」とまでいわしめています。ＮＰＯの勢いはとまりません。沖縄でも一五年前にＮＰＯは約二〇団体でしたが、一五年たった今日で約五百団体の勢いで増加しています。

これらのＮＰＯ活動は、行政組織が担っていたサービスを、自らのグループでやり出したのです。

鉄鋼の町ピッツバークは、財政破たんで行政組織が五分の一に減り、逆にＮＰＯ組織が一〇倍に増え、四〇階建てのＮＰＯタワーができました。行政に代わって街づくりに成功を収めています。これはドラッカーにも、強いインパクトを与えたに違いありません。

もう一つの動きは、行政主導の団体組織の形骸化です。全国的に支部組織を持つ大型団体は、その組織力が弱体化しています。その組織を使って政治を動かし、自らの要求を実現する団体になっていましたが、それらの組織も支部レベルから崩壊がはじまりました。

地域婦人団体を例にとってみましょう。婦人会の若い女性の加入率も減り、高齢者集団になりつつあります。かわって自主グループといわれる十人程度のミニグループが草の根のごとく全国に広がりました。主役は若い女性たちです。一九八〇年代の私たちの調査では、都市を中心として急増化に転じた年でした。今日でもその勢いは止まりません。かわって大型団体は形骸化の危機にさらされています。

その原因は、IT（情報）革命にあります。ITネットワークは中央と支部をなくしました。今度は教育再生委員会までが、コミュニティースクール（地域社会学校）を叫びました。教育を地域社会に根付かせるというのです。官僚制・中央集権型の教育国家の陰りでしょうか。国立大学も独立法人化しました。

いたる所で、国・行政主導型体制は制度的疲労をおこしています。リハビリテーションする必要があります。今日の市町村行政に目を向けますと、旧体制の地縁型共同体の上に乗っかって改革を続けているところがあります。地域の隅々まで行政ネットワークをはりめぐらせて管理・サービス体制を敷いています。規則で組織を縛り、届け出制、認可制（許可制）とチェック機能を強化し、住民が組織を利用するのに手続が複雑でうんざりしています。それも行政サービスです。

ですから、行政監視下の他に自由な自主グループをつくり、思い思いの活動をしています。それらが、力をつけてくれれば、新しい地域づくりの担い手になるでしょう。すでにNPOが動き出しました。日本のNPOは活動資金的に弱さがあり、公的支援に頼りがちですが、やがて独立採算制のNPOになれば、そのものが社会起業として成立します。非営利事業だといっても、れっきとした社会起業・コミュニティービジネスです。その活動自体が新しいコミュニティーの形を変えていくでしょう。

この意味で、自由なシニアパワーは、ＮＰＯも含めて重要なカギを握っています。

地域に新しいコミュニティーを取り戻そう

最近はやりのコミュニティーデザイン（自分たちで地域をつくる）の広がりは、そのことを物語っています。市民レベル、地域レベルでその勢いに火が付きました。誰でもが、自分たちの地域づくりを自分たちの力で達成したいものです。地域づくりの主人公として活躍したいのです。

行政にお願いするよりも自分たちの手で、住みよいコミュニティーをつくりたいのです。その証拠に、それらのボランティアグループの目の輝きが示唆しています。

全く自由人になったシニアは、誰の制約もことわる自由を持っています。おまけに地域社会の大先輩です。「亀の甲より年の功」ですから、叱られることもありません。このシニアたちが近い将来国民の四人に一人というシニア人口爆発時代がやってきます。政治家もシニアの機嫌を取りませんと落選の憂き目にあうでしょう。高齢者問題はすでに国を揺るがしています。高齢者自身も自分たちの手で、豊かに暮らせるコミュニティーづくりをしていく必要があります。

新コミュニティー革命があるとしたら、それはアクティブシニアのパワー軍団だといっていいでしょう。七六歳になった私の自画自賛も含めて「地域を取り戻す」「コミュニティーを取り戻す」必要を感じています。

人は信念によって動くものです。理念を掲げて前進するのです。自らの魂に目覚めることが大切です。

積極的GANJUコミュニティーの提唱

積極的カンジュウコミュニティーとは、元気で、明るく、仲間と、知恵を出し合い、みんなのコミュニティーを積極的につくり出すという意味であります。

伝統的なコミュニティーは、団結力の下に拘束性もはたらいている上に、社会の変動（ITを中心とする）に合わなくなってきていることや、またなにも集団で結束しなくても、個人でも自由な生活が営めるようになってきました。

若者は家庭という、家族コミュニティーの構築に消極的になりつつあります。三〇代の独身男女が約三〇％にのぼるといいます。せっかく家族コミュニティーを形成しても、離婚率の高さがそれらを壊していく傾向にあります。家庭中心主義的（伝統的な日本の家制度）も核家族の進行の下に崩壊しかかっています。代わって境域家族（トランスファミリー）、つまり地域や国を飛び越した家族関係の増加です。父母は沖縄、長男は東京、娘は海外留学、弟は中国在住（就職）といった家族関係です。ＩＴネットワークで結ばれています。これも現代の家族の形かも知れません。

しかし、コミュニティーは必要ないかといえば、そうではありません。拘束性のない自由なコミュニティー（居場所）や、流動性のある多様なコミュニティー（重層性）は、積極的につくり出して行っているのです。いつの時代も、人間にとってコミュニティー（居場所）は必要です。コミュニティーが最後の憩いの場（砦）になるからです。

シニアは伝統的で保守的です。私も含めて、何かと昔のコミュニティー的考えを持っています。しかし、そのような考え方だと、ますます社会から取り残されていきます。アクティブシニアは、何をやればいいのでしょうか。われわれの直面する健康・ガンジュウを中心に、積極的なＧＡＮＪＵコミュニティーの実現です。何時でも三線の音が聞こえる明るいコミュニティーです。「友達《どし》連《ち》りて　遊ぶ嬉《うり》しや」のコミュニティーです。

ハイサイ、ガンジュウコミュニティーをつくってみませんか。

九　シニアたちによる沖縄児童文化福祉活動の展開

比嘉佑典

ふるさとの心を育てるＮＰＯ法人沖縄児童文化福祉協会の設立

今から十五年前のことです。私たちシニア有志は、沖縄の児童問題に大きな危機感を持っていました。

一つは、沖縄児童文化の危機的状況でした。とりわけ、沖縄の伝承文化（島の文化）の問題でした。方言（島くとぅば）は衰退し、子どもたちの伝承遊びや、わらべうた、昔ばなし、紙芝居などが失われる不安がありました。伝承文化による「ふるさとの心を育てる」機会が減少しているのに、危機感を持っていました。

二つ目は、沖縄の児童福祉の深刻な問題でした。厳しい社会の中で子どもの健全育成と福祉に関し、子どもの幸せを阻害する状況があまりにも多かったからです。

現職をリタイアしたシニアを中心に、この問題解決の活動の一環として「ＮＰＯ沖縄児童文化福祉協会」を立ち上げることになりました。東京在住の私も、賛同してその運動にかかわりました。

沖縄の二一世紀の子どもたちの未来に、灯台となりうる「沖縄子ども宣言」を打ち立てて活動を展開してきました。私たちの活動の内容を紹介しましょう。

ＮＰＯ法人沖縄児童文化福祉協会は、二〇〇一（平成一三）年五月一九日に発足しました。定款の目的に従い、その目的達成のために「二一世紀子ども宣言」を掲げて精力的に活動を展開してきました。

発足当初の協会の役員理事は次の通りです。

役員

理　事　長　渡真利源吉（沖縄ソーシャルワーカー協会長）
副理事長　都留　健二（元沖縄県教育長）
副理事長　島袋　保子（元沖縄県女性相談室長）
事務局長　安里　和子（元沖縄県生活福祉部長）

理　事　上地　武昭（沖縄大学講師）
理　事　鎌田佐多子（沖縄女子短期大学教授）
理　事　多田　千尋（芸術教育研究所長）
理　事　玉寄　哲永（県子ども会育成連絡協議会会長）
理　事　比嘉　悦子（民俗音楽研究家・声楽家）
理　事　比嘉　佑典（東洋大学教授）
理　事　外間三枝子（声楽家・少年少女合唱団指揮者）
理　事　松本　　淳（沖縄県立看護大学事務局長）
理　事　宮城　葉子（わらべうた研究家）
理　事　屋宜　勝子（若杉保育園長）
理　事　山中　久司（沖縄県島尻教育事務所）
監　事　勝俣　京子（税理士・司法司書）
監　事　向井　枝美（在宅介護支援センター長）

会員

正会員　八二人　　特別会員　四五人　　団体

二一世紀沖縄子ども宣言

命どぅ宝の島・沖縄の子どもたちは、薫り高い伝統文化を継承し、未来を創造する「太陽の子」である。また、子どもたちは、幸福のシンボルである。その天真爛漫さは人々の心を和ませ、平和な幸福感をもたらす。

まさに、子どもたちは、黄金の宝である。

しかし、すべての子どもたちは、いま幸せな環境にあるだろうか。子どもたちを取り巻く家庭・学校・社会には、その健やかな育ちを疎外する複雑、困難な問題が横たわっている。これらの問題解決は、大人と社会の責務であることは言うまでもない。

私たちは、子どもたちの現実に目を向け、明日の社会をつくる子どもたちの健やかな成長を助けるため、特定非営利法人沖縄児童文化福祉協会を設立した。

子どもたちが、幸福な生活を送り、かつ自己と社会の福利のためにその正当な権利と自由を享有するとともに、子どもたちが自己の人格の完成かつ調和のとれた発達を遂げていくよう、社会的に支援していかなければならない。

子どもたちは、健全な家庭環境の下で、家族の信頼と愛情に包まれて育ち、社会の一員として重んじられ、よき社会人として成長、発達していくことを保障されなければならない。

私たちは、国連の「児童権利宣言」や「児童の権利に関する条約」並びに我が国の「児童憲章」や「児童福祉法」にうたわれている児童の諸権利と愛護の精神を大切にしたい。

このような観点に立って、私たち沖縄児童文化福祉協会は、沖縄県の子どもたち及びその保護者にたいして児童文化と家庭福祉に関する事業を行い、もって子どもたちの健全なる育成に寄与していく。

右、宣言する。

二〇〇一年五月一九日

特定非営利活動法人・沖縄児童文化福祉協会

沖縄児童文化福祉協会の目的と事業

定款の抜粋

（目的）

第三条　この法人は、沖縄県の子どもたち及び保護者等に対して、児童文化と家庭福祉に関する事業を行い、子どもの健全なる育成に寄与することを目的とする。

（特定非営利活動の種類）

第四条　この法人は、前条の目的を達成するため、次に掲げる種類の特定非営利活動を行う。

(1) 子どもの健全育成を図る活動

(2) 児童文化の振興を図る活動

(3) 家庭福祉の増進を図る活動

(4) 社会教育の推進を図る活動

（事業）

第五条　この法人は、第三条の目的を達成するため、次の事業を行う。

(1) 特定非営利活動に係わる事業

① 民話、童話、わらべうた、伝承遊びなどの地域普及

② 伝承及び創作にもとづく玩具・遊具の紹介展などの開催

③ 童話祭、童謡祭、演劇祭、映画祭などの開催

④ 児童文化及び家庭福祉に関する各種研修、講座、講演会などの開催

⑤ 子育てや家族の人間関係に関する相談、助言の実施

⑥ 児童文化及び家庭福祉に関する調査研究

⑦ 子どもの健全育成に関する情報の提供

風車づくり

民謡の語り部

「おもちゃ・遊び
フェスティバル」

凧づくり

合唱団

おもちゃ・遊びフェスティバルの開催

私どもの協会の大きな目玉は、年に一度行われる「おもちゃ・遊びフェスティバル」の行事です。沖縄全域（宮古・八重山）での開催で、各地域のセンター等を利用して行われます。この行事には、多い時で親子五千人、少なくとも二千人前後が参加していました。

二〇一四（平成二六）年八月二三日に、第一四回フェスティバル（実行委員長・比嘉佑典理事）が、初めてやんばる名護市の名桜大学北部生涯学習推進センターで行いました。親子千人余の参加で賑わいました。当時の模様を、写真で紹介しましょう。

沖縄児童文化福祉協会一〇年の歩み

二〇一四（平成二六）年三月に、沖縄児童文化福祉協会の一〇年の歩みを刊行しました。発刊の理由は、私たちの一〇年の活動の歩みを総括し記録にとどめておこうということで、編集作業を二年前から進めてきました。編集委員長比嘉佑典と編集事務局長松本淳を中心に編集作業を進め、二〇一四年三月に『文化の語り部　遊びの伝承者たち』（ゆい出版）を発刊することができました。

沖縄アイデンティティー・ふるさとの心を育てる運動を

世情は、私たちの運動の方向を後押ししています。活動当初（一五年前）は、方言・島くとばの普及や、島くとばの民話、紙芝居、わらべうたなどあまり注目されていませんでした。

『文化の語り部　遊びの伝承者たち』（ゆい出版）

しかし、今日では沖縄の自主権・自治権拡大の動きに拍車がかかり、県あげて「島くとば」の普及に力を入れてきています。私たちは私たちなりに、少なくともその運動に先駆けて活動してきたことに安堵しているところです。

数年前から県の社会福祉協議会開催の「かりゆし長寿大学校」のカリキュラムの改革に、私たちの児童文化福祉の視点を取り入れた「地域文化学科」が誕生し、私どものメンバーが講師に関わっています。私もそのひとりです。その目的は、沖縄の伝承文化を学ぶことによって、地域社会で活躍するボランティア活動家を育成することにあります。

孫たちを連《ちり》て遊《あし》び福《ふく》らしゃや

東門《あがりじょう》

東門《あがりじょう》に出《ん》てぃ　遊《あし》ぶ童《わら》ん達《ちゃ》が
笑い声《ぐい》ぬ美《ちゅ》らさよ　栄《さか》るしるし
栄《さか》るシュラヨ　しるし

昔語《んかしかた》らたる　恋《くい》し東門《あがりじょう》や

今《なま》や孫連《まぐち》りてよ　遊《あし》び　所《どぅくる》

遊《あし》びシュラヨ　所《どぅくる》

おじいを囲む子どもたちの輪

ガンジュウ食育のすすめ

今日沖縄にとって重要な課題は、健康長寿の問題です。本書もシニアの健康長寿の問題を「ガンジュウ」としてとらえ、長寿県沖縄を取り戻す運動を提唱しています。県は、健康問題は「児童生徒から」いわゆる「子どもから」と積極的に取り組んでいます。そんな状況の中で、児童文化福祉協会もとりわけ「健康福祉文化」の観点から運動を広げていく必要を感じます。

子どもたちの健康問題の中心は、何といっても「食育」です。「郷土文化としての食育」を「沖縄食文化」として、展開していく必要を痛感しています。この「食育」の活動は、すでに関係者によって社会に定着してきています。その活動の後押しも、私たちの協会の目標の一つに上げていきたいと思っております。

第三部

ガンジュウグループづくりの創造マニュアル

十　ガンジュウリーダーのプロになろう

――ガンジュウグループづくりのノウハウ――

比嘉佑典
宮里好一

なぜマニュアルが必要なのか

「知っていること」と「知らないでいること」の差は大きいです。行き詰った時のガイドブックです。特にリーダーにとって、集団をまとめていくのに必要なマニュアルです。数十種類の創造技法の中から、本著の目的に関係のある技法を数点あげておきましょう。

集団的問題解決法

創造的問題解決はすべての基本です。集団の創造的問題解決の手順には、六つの創造的問題解決のステップがあります。

①　問題設定（問題を絞り込む）
②　問題把握（その問題を分析する）
③　目標設定（解決の目標を決める）
④　問題解決方法（解決策と手順を決める）
⑤　総合評価（実行する前に再検討してまとめる。シミュレーション）
⑥　解決行動（解決策を実施する）

第一のステップ（問題設定）
問題そのものが何であるのかはっきりさせること。問題を確定します。最初から問題が明確な場合は、それを目的として次の段階に入ります。
第二のステップ（問題把握）
この問題に関係ある、ありとあらゆる事実や情報を洗い出します。そのことについて徹底的に分析します。問題の核心に迫ります。問題を明確にします。
第三のステップ（目標設定）
問題点が明確になったら、その問題点をどのような方向で解決するか解決目標を決定します。

第四のステップ（問題解決方法）

決定した解決目標について、ありとあらゆるアイデアを出しつくし、それらのアイデアを検討・評価します。その結果具体化する方法を考えます。その方法は次の通りです。

計画構想—解決を全体としてどういう方針で行うか、構想を練り計画を立てます。

具体的計画—具体的に計画を立て、どのように実施するかを決めていきます。

手順の計画—解決のためのスケジュールとその手順を決めます。

第五のステップ（総合評価）

ステップ四までに行われた内容を全体的に総合評価します。構想—具体策の評価—手順の評価など全体的に検討評価します。

第六のステップ（解決行動）

アクション・リサーチをおこすことです。実際に問題解決行動に乗り出すことです。

現状型と理想型の二つの問題解決のプロセス

まずは、現状型から説明しましょう。ほとんどの問題解決は、現状に困った問題を抱えて何とか解決したいということから出発します。そのステップは次の通りです。

現状型のプロセス

問題設定―解決すべき問題を設定します。

現状分析―その問題について現状を分析して現状の改善を見つけます。

問題分析―一方では問題そのものを分析検討します。

目標設定―現状分析結果と問題分析結果から最終的な目的を設定します。

構想計画―目標設定に関していろいろ構想し計画を練ります。

具体計画―構想計画について具体的な計画を決めていきます。

手順計画―計画の具体的な手順について検討します。

総合評価――もう一度全体を見渡してこれでいいかを決定評価します。

実　施――実際に実行です。

理想型のプロセス

ここでは「夢を描き」それを実現するという創造的な問題解決です。

問題設定――テーマをきめます。

理想設定――そのテーマについていっぱいの夢を描きます。

現状分析――現状についてのあれこれを分析・検討します。

目標設定――夢のテーマを設定します。

構想計画――その夢についてあれこれ構想をねり計画を立てます。

具体計画――夢の計画について具体的に検討してみます。

手順計画――夢を具体的に実現する手順を計画します。

総合評価――もう一度夢の全体計画をシミュレーションして総合点検・評価します。

実　施――さあ、夢の実現に向けてゴーです。

グループでユンタクしながらアイデアを量産する方法

問題やテーマが見つからない場合の対処法

考えが浮かばない、問題がみつからない、テーマが決まらない、なにをしていいのかわからない、という頭が混沌（モヤモヤ）している場合に、創造の技法を使いましょう。

考えが浮かばない、問題が浮かばない、一人で悩んでいないで、触発する相手を見つけましょう。その相手も同様に問題が浮かばないで悩んでいる人でいいのです。そういう人を数人さがして、みんな（グループ）で、ユンタクしてみましょう。テーマが浮かばないといわいわいっているうちに、誰かにハッとヒントが浮かびます。それをきっかけに、他の者にもヒントが浮かびます。そのうち、混沌（もやもや）から、たくさんのヒント（アイデア）がどんどん生まれてきます。

アイデアというモノには、誘発性と連鎖反応がはたらいています。ですから、誰かがアイデアを一つ出すと、それに誘われて連鎖反応的にいくつものアイデアが量産されます。マグマ（混沌）から吹き出す噴火山に似ています。その創造の方法がブレーンストーミングといいます。

ブレーンストーミング法（集団思考法）（考案者　アレックスF・オズボーン）

創造技法であるブレーンストーム（Brainstorm）は、精神病理学的なことばですが、突然の精神錯乱という意味です。つまり脳みそを壊して錯乱状態（白紙）にして、発想するという技法です。

ですから、参加者は正常な頭で発想するのではなく、頭を真っ白に、空っぽにして臨むことが大切です。これは常識破りの発想ができるものです。

それに似た沖縄のことばでは、ユンタクというものがあります。自由にしゃべりまくるのです。ユンタク以上に、めちゃくちゃに発想するのがブレーンストーミングなのです。精神錯乱状態ですから。これは自由連想法とも言っています。

この方法は、世界中で一番よく使われている発想ですから本物です。人はユンタクが好きです。ユンタクは一種の快感です。沖縄式に命名して、ユンタク・ブレーンストーミングということにしましょう。ブレストは頭文字です。簡略して「ユンタクBS」にしましょう。

創造の最初は、ブレスト（ユンタク）から始まります。普通人がものを決める時には、集まってしゃべる中から物事を決めていきます。「ああでもない、ここでもない」といいながら結論を探し決定します。

ところがなかなか決まらないで、困難な場合や問題の解決の方法が見つからない時、いいアイデアが全く浮かばない時は、このままの状態では行き詰まってしまいますから、頭を切り替える必要があります。そこで頭の切り替えに、突然の精神錯乱状態（全く違った頭脳にして、発想する必要があります。そこから思い切って天真爛漫・自由に考えることが、ブレーンストーミンなのです。

簡単なブレストは、誰でも何時でもやっています。会議であったり、ディスカッションであったり、グループワークなどに使っていますから、なんていうことはありません。しかし、ことが重大な問題だとそうはいきません。ディスカッションの限界に来た時に、ブレーンストーミングは、本領を発揮します。

ブレストは、アイデアの乱発器のようなものです。ユンタクブレストは、いろんな意見・アイデアが噴出します。言いたい放題、これでいいのです。

それには、二つの基本原則があります。

第一原則―いろいろアイデアを出すことに専念します。評価は一切行わない。とにかく、何でもかんでも多くアイデアを出すことです（判断の保留）

第二原則―質より量を考えて、できるだけ大量にアイデアを出す。同じ時間内に二倍のアイデアを考える人は、二倍以上のよいアイデアを生んでいる。（量が質を生む）

ブレーンストーミングを始めるにあたって四つの基本ルール

第一、他人のアイデアに、良い悪いという判断を一切しないこと。(批判厳禁)出されたアイデアは、どんなことであろうとこれに対して批判や判断を絶対しないこと。

第二、「自由奔放」を歓迎すること。発明家の斬新なアイデアは、世間では必ず笑いもの(バカ)にされるが、それが後で世間を驚かせる発明になる。なるべくとんでもないアイデアを考えること。(自由奔放)

第三、アイデアはなるべく大量に出すこと。(質より量)

第四、他人のアイデアに便乗する。改善を奨励する。いろいろのアイデアの組み合せをつくるために、他人のアイデアに乗って改善を図る。(結合改善)

ブレーンストーミングの鉄則

批判厳禁・絶対に他人の意見に対して批判しないことです。なにかと日本人はおせっかいやきです。他人の意見に対しても、あれこれいうのが好きです。おしゃべり評論家です。すぐ良し悪しをいいたがります。

せっかくおしゃべりして楽しくしているのに、「ああいう考えは良くない」だのと他人の意見にちょっかいを出して、話の骨を折ります。日本人はブーンストーミングがへたくそといわれるのもそこにあります。

もう一点は、真面目すぎるということです。真面目に働くのが日本人です。それがブレーンストーミングに災いして、脳を錯乱状態にして考えきれないところです。なんでもおかしく考える癖をつける必要があります。

ブレーンストーミングの厳禁事項は、先輩後輩、職場の上司部下の関係が災いしています。自由にものをいえない関係だからです。それは厳禁です。

ブレーンストーミングの雰囲気

ブレストは、集団遊びです。集団ごっこ遊びだと思って、アイデアを遊ぶことです。みんなで楽しく愉快にわいわいいいながら、アイデアごっこ遊びの気分で行うことが大切です。

真剣になったり、真面目にすると教養や世間体（常識）を気にして、奔放なアイデアはでません。子ども心になりましょう。精神錯乱状態ですから。

ブレーンストーミングの人数

人数は五人から七人程度（一〇人以上超えないこと）

ブレーンストーミング成功の秘訣

頭を精神錯乱状態にすることが、ブレーンストーミング（ブレスト）の出発点です。ブレストが成功するかしないかはそこにかかっています、そのためにはブレストを成功させるには次の準備（条件）が必要です。

①　一時的に、肩書や名誉を捨てる勇気。
②　プライドなんてくそくらえと、蹴っ飛ばす勇気。
③　一時的にフリムン（精神錯乱）になる勇気。
④　天真爛漫な子どもになる勇気。
⑤　男である、女である（性差）ことを忘れる勇気。

勇気と書いたのは、それらはみな勇気がいるからです。

ブレーンストーミングという大衆浴場に入るには、裸にならなければなりません。

ブレスト効果（ユンタク効果）

①完全にストレスが解消する。
②心がリフレッシュになる。
③わだかまりがとれる。
④心理的便秘（心のふんづまり）がなおる。
⑤顔に笑顔が戻ってくる。
⑥頭の回転が速くアイデアマンになる。
⑦新しい友達ができる。
男のブレスト
お酒一合飲んでブレストすれば成功する。
ただし「一合限り」飲みすぎるとただのうさ晴らしで効果なし。

技法の展開とリーダーの役割・七つのポイント

このブレーンストーミングつまり、ユンタク集団には、進めていくリーダーが必要です。その進め方と展開の手順を示しましょう。

① テーマは具体的に

ブレストのもっとも重要なことは、テーマ選びです。テーマは抽象的ではなく、「具体的に」ということです。私の経験では、「輪ゴムの使用法についてアイデアを出してください」としたら、アイデアが二〇程度でした。テーマを変えて「輪ゴムを使って、どんな遊びができるかアイデアを出してください」としたら、約六五の遊びのアイデアが出ました。輪ゴムを「遊び」に絞ってみると、具体的にたくさんのアイデアが出ました。

私のゼミの学生に実施した例を挙げておきましょう。

一例は「輪ゴムの使用方法」(輪ゴムを使って遊びを生み出すアイデア)

「輪ゴムピストル・鉄砲」「パチンコ」「輪投げ」「あやとり」「ゴムとび」「弦にして音をだすリズム楽器」「輪ゴム飛ばし」「ヨーヨーの糸」「的当て」「息で飛ばしたメンコ」「手でたたいて飛ばしメンコ」「輪ゴムを使って物を飛ばす」「腕輪、ネックレス」「ピアス」「ゴムバッチン」「エンジン（糸車や飛行機）」「手錠」「二人でくわえて綱引き」「スパゲティ・焼きそば遊び」「すべり止め（ストッパー）」「めがね」「血止め」「まつ毛にひっかける」「くつした止め」「輪ほどき（知恵の輪）」「もじゃもじゃにして数あて」「ヘアバンド」「切れるまで引っ張り合う」「たてて輪回し」「かえる」「絵づくり」「輪文字」「指でけんけんぱ」「マッチ」「ベルトがわり」「糸ようじ」「おしおき道具」「毛抜き」「ガム」「顔つくり」「弓の弦」「耳止め（おめん）」「占い」「アリ用の橋」「しおり」「膝で飛ばす」「ひもの代用」「ふりこ」「消しゴム」「つり糸」「かとりせんこう」「スタンプ」「モールス信号（暗号）」「カブト虫相撲」「矯正ギブス（指）」「二人三脚」「いくつとれるかゲーム」「結び目いっぱい作る」「野球」「テレビの画面を作って連想ゲーム」「皮むき器」「人形の髪がわり」「5円玉通し」「オリンピックマーク」「握力をつける」等、その他いろいろ。

二例は「洗濯ばさみの使用法」

「とばしっこ」「ドミノ」「ピラミッド」「将棋くずし」「つみきくずし」「おはじき（落とし合い）」「罰ゲーム（顔つまみ）」「がまんくらべ（つまんで）」「玉入れ」「宝物さがし」「オセロ」「イヤリング」「ネックレス」「ネクタイピン」「ヘヤーピン」「ネームピン」「ブローチ」「魔女ごっこ（指先につける）」「お手玉」「分解競争」「組み立て競争」「ブロック遊び」「絵づく

り」「カスターネット」「ビー玉飛ばし」「髪かざり、ピアス」「シーソー」「メモばさみ」「モービール」「チョウネクタイ」「すそどめ、そでどめ」「いろいろな動物組み立て」「文字づくり」「キーホルダー」「もの掛け」「指すもう（ひっぱりずもう）」「毛抜き」「楽器」「疲れもみもみ器」「指鍛えマシーン（筋トレ）」「つぼおし（指の間）」「おしおき」「模様づくり」「めんこ」「トントン相撲の足」「鉛筆立て」「棒だおし」「パラシュート（ハンケチにつけて）」「爪きり」「握力計」「いたずら（こっそり相手につけて）」「コマ（ペンを使って回す）」「ゴム輪の引っ張り合い」「色、形、数あて」「釣り針（ひもをつけて）えさつけ」「コンパス（二つ合わせて鉛筆はさんで）」「花をたばねる」「はしがわり」「動物の口」「静電気よけ」「刃をつけてカッター」「マジックバンド」「羽根突きの羽」「指一本で洗濯ばさみを立てる遊び」「つなげて引っ張り合う遊び」「発射台」「鼻輪」「野球」「ひげ」等、その他いろいろ。

このように、拡散的思考は蜘蛛の子を散らすように、たくさんのアイデアが出てきました。

② メンバー全員の顔が見えるように場づくりを

テーブルか円卓などを利用して、リラックスした状態をつくる。準備するものは、進め方でことなります。

大きな模造紙に書き込む方式

カードを準備してそれに記入する方式

黒板を使う方法

その他

③　リーダーは、明るく乗せ上手な人をリーダーは、あくまでグループをリードする人です。自分の価値観を入れない、判断をしないで、みんなのアイデアをうまく引き出す人。リーダーの基本姿勢は次の三点です。

一、ブレストの四つの基本（ルール）をしっかり守る。

二、活発に意見が出るような雰囲気づくりをする。

三、さまざまな角度からアイデアが出るように仕向ける。

四、リーダーは脇役に徹する。

④　メンバーは混成部隊で

バラバラな集団（異質集団）で同一の所属集団ではなく、できれば変わった人々の集まりにする。

⑤　自由に発言させ、すべてを書く

発言の誘導と記述の方法を決めて進める。

⑥　時間は一時間程度

一時間だと、百近くのアイデアが出るのが普通。発言が止まったら、数分休憩して再開する。

⑦　ブレストの評価は批判厳禁で

メンバー全員は、精神錯乱状態ですから、そこから出たアイデアを批判することはできません。無責任グループですから。

驚きと笑いと楽しみの結果

カードを使った場合は、大きな模造紙に、似た者同士、変わり者同士、反対の意見などある程度ふるい分けて、模造紙に張り付けていきます。カードははがせるものにします。ユンタクブレストの一覧表が出来上がりました。さあ、みんなで分類整理しましょう。似た者同士をフェルトペンでなぞって組分けをします。当てはまるものと当てはまらないものと、まったく別のものとまちまちです。これらをメンバーで、ユンタクしながらブレストをします。その過程で、いろいろな意見が出て、わいわいガヤガヤ、ユンタクしていくうちにみんなのアイデアが、次第に成果として姿を現します。予想もしていない結果が出たりして、興奮気味にもなるのもブレストです。自分のアイデアがこんな使われ方をしていたと、予想もしなかった結果に驚くとともに、メンバーの集団思考のすごさを実感します。

みんなでブレーンストーミングしてみましょう

テーマA　もしもこの世からゴキブリがいなくなったらどうなりますか？
　主婦は安心。　ゴキブリ退治の薬局はどうなる？　…………
テーマB　もしもこの世に医者がひとりもいなかったらどうなりますか？
　困る？　ひょっとしてみんな健康になるかも？　…………
テーマC　もしもこの世から専門家がいなくなるとしたら？　…………
　講演アレルギーにならなくて済む？　プロの名刺は必要ない？　…………
テーマD　この世からネズミがいなくなるとどうなるでしょう。
　ネズミ年がなくなる？　猫が失業する？　…………

何でもテーマにして、ブレストで遊びましょう。なるべく、面白おかしく考える癖をつけましょう。アイデアは意外なところにあります。

ブレーンストーミングの利用法

ブレーンストーミングは、その活用の目的によっていろいろな使い方があります。

一点は、商品開発に使う場合です。新製品開発や、宣伝、デザイン、新しいアイデアの価値を開発するのに多く使われています。

二点目は、課題・問題解決や新事業の計画など課題解決の時に解決のアイデアを発見するのに活用されています。

三点目は、商品開発や問題解決の他に、小集団作り。仲良しグループづくりに活用されます。ユンタクは解放です。コミュニケーション（人間関係）を有効にします。ブレストのように何でも自由に語り合うことによって、心が解放されうち解けていきます。まとまったグループができてきます。最近はやりのグループワークにも適応できます。高齢者の健康なグループづくり、コミュニティーづくりに最適です。なんでも話せる集団で、とやかく「批判厳禁」のルールが人間関係を抱擁しますから。

すべてはブレーンストーミング法が必要

問題解決にも、新商品開発にも、ビジネスに関しても、アイデア発想の原点はブレーンストーミング（ブレスト）法です。その意味でブレストは、世界で最も多く活用されているアイデア開発技法です。

テーマを決めるにも、ブレストです。

計画を立てるにしても、ブレストです。

行き詰った時も、ブレストです。

原案作りも、ブレストです。

進行と途中で、問題にぶつかった時もブレストです。

各段階で、アイデアを出すのもブレストです。

困ったときも、ブレストを使っていろいろ発想します。

ブレーンストーミングは、問題解決のプロセスで問題が出てきたその場その場合にも、その都度ブレストを使って解決していきます。その意味で「サポート・支援」スキルの役割を果たしています。

ブレスト以外に、ガンジュウについていろいろ発想する技法を紹介しましょう。

問題の欠点からいろいろ考える方法

欠点列挙法

人数は、一人から六人。

さまざまな問題点・問題の欠点を洗い出す方法で、たくさんの欠点を出して、その中から改善すべき欠点を見つけ出し、それを改善する方法です。要するに「あら捜し法」です。そのプロセスは次の通りです。

①　テーマを決める。

②　テーマの欠点を列挙する。

　a、模造紙かカードに番号をふって記入する。

　b、なるべく具体的に記入する。

③　列挙された欠点の主なものを選び出す。

④　選び出された主な欠点の改善策を考える。

テーマ「メタボ男A」

①　体重オーバー
②　ビール腹
③　大食い・早食い
④　運動不足
⑤　酒飲み
⑥　タバコ吸いすぎ
⑦　全身だるい
⑧　鈍感・不活発
⑨　歩きづらい
⑩　やる気がない
⑪　生活不規則
⑫　血圧に問題あり
⑬　居眠り
⑭　少し歩いても息切れ
⑮　休はぶらぶらしまりがない
⑯　何時もうつむいて歩く

⑰　のんびり、あくびばかり
⑱　緊張感がない
⑲　夜更かし
⑳　何事にも関心ない
その他
その中から、メタボ改善に最も適切なものを選んで、その改善方法をみんなで考えます。

高齢者の欠点列挙法

①　面倒くさがり屋。
②　何をするにもおっくう。
③　物忘れ。
④　運動しようと思ってもすぐあきらめる。

あげれば、自分の欠点を上げるようで、ここらで遠慮しますが、欠点列挙法は一種のあら捜し法です。人は欠点を見つけるのは得意です。見つけた後は、その欠点の一つ一つをあげて、グループでブレーンストーミングをします。

「面倒くさい」。どんな時が面倒くさい（おっくう）でしょう。

①　歩くことが
②　階段の上り下りが
③　畳の部屋で起きたり座ったりするのが
④　靴を履いたりぬいだり
⑤　いろいろ考えるのが
⑥　覚えるのが
⑦　出かけるのが
⑧　片づけるのが
⑨　開け閉めがおっくう
⑩　書くのがおっくう

あれこれ取るのに面倒なので、身の回りにおきます。やらねばならないことを手抜きします。いろいろあるでしょう。「おっくう」な人は、いわば省エネスタイルです。それが重なり時間がたつと「生活不活発病」「チンダリ病」です。介護施設行きです。リハビリは大変です。お金もかかります。

欠点列挙法は、いろいろな欠点を探し出し、さらにその具体的な欠点も洗い出します。これで、洗いざらい列挙したら、後方で述べる「チェックリスト法」で、いちいちチェックしながら対策をねります。これを医者や護看師やケア・マネジャーにやらせるのではなく、グループお互いがチェッカーであり対処方法の開発者です。ガンジュウグループ自主活動です。おっくう・面倒くさがらないで集団で自主解決することがガンジュウグループのモットーです。

ちりも積もれば山となる。そうですね。おっくうが溜まればチンダリ病となる。

しかし、ものは考えようです。発想を逆転しましょう。

チリを減らせばゼロとなる。おっくうを減らせば元気になる。

おっくうがらずに、日常生活の中でおっくうだったものに一つ一つ挑戦し減らすことです。階段の上り下りや、畳の座敷の起き上がり、立ち上がり、うつむいて靴をしっかり締める。少しでも多く歩く。この努力は大きな負担にはなりません。少しずつ毎日行えばその分だけトータルすれば、運動したことになりますから。それを呼んで生活リハビリテーションとでもいっておきましょう。生活リハビリテーションは、一歩努力の健康法です。

夢や希望を語りながら実現する創造技法

希望点列挙法

人数は、一人〜五、六人。

あるテーマをきめて、それについて希望したいことをたくさん出して、その中から使えそうなものを選び出して、そのことについて検討して成果を上げる方法です。そのプロセスは次の通りです。

①　テーマを決める。
②　テーマの希望点を列挙する。
③　列挙された希望点の主なものを選び出す。
④　選び出された希望点をもとに改善法を考える。

テーマ「希望のガンジュウ腕時計」

①　万歩計がついている
②　血圧が計れる
③　体温がわかる

④　脈拍がわかる
⑤　カロリーチェック・ダイエット
⑥　水分量のチェック
⑦　天気予報
⑧　薬の時間を知らせる
⑨　カメラになる
⑩　アルコールの警告
⑪　タバコの警告
⑫　危険を知らせる
⑬　道の現在地がわかる
⑭　辞書つき
⑮　目覚まし、音楽つき
⑯　計算機
⑰　夜はライトになる
⑱　羅針盤・発信機
⑲　携帯電話機能

⑳　種々の警告ベル

もしも、以上のような万能時計があると、とても便利でしょう。希望や夢の時計はいくらでも描けるものです。そうした希望点を検討すれば可能なものはあります。かつての時計は、針付のゼンマイ時計で時間表示のみでした。のちに自動式になり、目覚ましも付き、蛍光付き、日付も付き、その他の機能が付くようになりました。時計のバンドに多機能が付けられる可能性があります。時計は今の腕の位置でいいのかも、検討してみてはいかがでしょう。希望点を出すのはいくらでも構いません。その希望の実現できるところから、改良すればいいのです。発信機などが付けられたら、認知症の人や高齢者に迷い防止に必要な機能です。時計にだけすべてを装備するのは不可能ですから、他の身につけているモノと抱き合わせにすると、いろいろの機能が込められます。

では、高齢者向けの「ガンジュウ洋服の開発」をテーマに、希望点列挙してみましょう。

シニアのガンジュウグループの希望点列挙法

公民館に集まった五、六人のグループがおります。このグループで「健康」について、いろいろ話し合った結果、「グループで体を動かす方法として、希望するものすべてをあげましょう」と決まったとします。ここでみんなに希望を出し合いました。

①みんなで仲良く散歩
②ゲートボール
③室内スポーツ
④レクリエーション
⑤柔軟体操
⑥踊りやダンス
⑦ピクニック（遠足）
⑧目的を持った見学会
⑨歴史散策
⑩みんなで手作り
⑪薬草採取と薬膳料理
⑫てんぷらの食材さがし
⑬シニア農園づくり
⑭ビーチボール
⑮パークゴルフ

⑯ボランティア活動
⑰救急介護の実践
⑱孫たちと遊ぶ
⑲シニア・エイサーをつくる
⑳路上観察隊
㉑寸劇・演劇
㉒自然浴・森林浴
㉓空手・古武術
㉔花園手入れ
㉕清掃作業

その他、できるだけ、体を動かし、軽い汗をかき、おしゃべりもしつつ、楽しいグループ活動を考えます。子どものように、ごっこ遊びや、ままごと遊び、鬼ごっこ、木登り遊び、冒険遊び、海遊び、〇〇探偵団、シニア児童劇団（子どもたちに見せる）、グループの屋敷周り、各家庭にパパイアの木を植える。ボート漕ぎ（ハーリー）、身の回りの道具を楽器に使ってみんなで演奏会、シニア特派員、まちから村へ集材活動（インタビュー）、昔懐かしい手作り遊び、凧づくり凧揚げ大会、丘の上の風車（アダン）、バードワッチなど希望をたくさんあげて、グループにあった数点を決定して、「実行プログラム・カリキュラム」を作り、楽しいガンジュウ活動を展開します。

これが、希望点列挙法です。

あることに焦点をしぼって考える創造技法

焦点法——自由な連想からアイデアを飛躍させる

焦点法は、チャールズ・ホワイデングの考案したものですが、「自由な連想からアイデアを飛躍させる」方法です。何かある特定なものを工夫しようとする場合、その特定そのものからの発想ではアイデアは飛躍しないので、ランダムに選び出した要素を強制的に結び付け、新しいアイデアを生むという方法です。

たとえば、運動の場合、その運動ばかりを考えてもなかなかうまくいきません。それを「散歩」というやり方で運動の達成はできないかと思いつき、散歩に結び避けて発想します。

そこで、あらゆる散歩の方法を考えよというテーマを出します。これに焦点を当て、あらゆる方法を考えてみましょう。

①　買い物を目的に散歩する。

②カメラをもって散歩する。
③友人と二人で散歩する。
④ペットを連れて散歩する。
⑤ウォークマンで音楽を聴きながら散歩する。
⑥石敢當を探して歩く。
⑦他人の屋敷周りをしながら、植木や花卉園芸を見て歩く。
⑧散歩道を変えて変化を持たせて歩く。
⑨散歩用の地図を作って歩いてみる。
⑩路上で見つけた草花を摘んで生け花にする。
⑪畑や植物を観察して歩く。
⑫バードワッチをして歩く。
⑬町を歩いている人のファションを見て歩く。
⑭虫眼鏡を持って出かけ小さい生物を観察する。
⑮人の家の表札を見て歩く。
⑯こだわりのテーマを持って歩く。
⑰近くの書店や図書館を定期的に往復する。

⑱友人と出会える場所をつくる。
⑲自分の「路上学」をつくり「散歩日誌」を書く。
⑳途中に橋があれば川をのぞき魚の群れを観察する。
㉑履きたくなるような靴を買う。外出したくなる。
㉒読まなくても文庫本を持っていく。インテリにも見られるし、読みたくなったら読めばいい。
㉓アナーキースタイルで出かける。飛んでるじいさんも悪くない。
㉔パンパンの服を着て歩く。それがゆるくなるのを目標に日々歩く。
㉕離れたところに一〇坪農園を借りて、毎日そこへ手入れに通う。

ざっとこんなアイデアです。その他に、散歩のドキュメンタリーや短歌を作りながら歩く、「散歩おもろ日記」をつける。唄いながら歩く。空の雲（天気）を眺めながら歩くのもいいでしょう。ちょっとした天気予報士です。昔の漁夫は自分の着けているフンドシを握りしめて、湿り具合の感触でズバリ天気を当てたものです。

散歩・運動に関しては、日課として習慣化していれば理想的です。しかし本書は、主に生活チンダリ病（生活不活発病）者を対象としていますので、彼らが日課として散歩を習慣化できないところに、いろいろと工夫して楽しい散歩の方法の一例として考えたのです。つまり、アイデア開発技法を使えば、こんな風になりますよということを示しておきました。

創造技法の母——チェックリストを考えてみよう

チェックリスト法

ある問題を考える時に、抜け落ちはないかと項目ごとに、一つ一つチェックしていきます。開始直前にチェックするのは、ごく当たり前に行っています。チェック項目を作って、チェックすることはいたる所で行われています。そうしたチェック機能は、準備に手抜かりないようにするための、防衛的（もれを防ぐ）に行われているのが普通です。

しかし、そのチェック機能をもっと積極的に活用できないか、創造の技法に使えないかと考案されたのがチェックリスト法です。

チェックリスト法の開発者は特定できません、普通誰でもが行ってきているからです。しかし、その積極的活用法を考え出した人はいろいろいます。

たとえば、キング・キャンプ・ジレットのアルファベット・システム（アルファベットを一文字ずつ追いかけてゆき、その文字で始まる品物を書きだすことによって、その品物の使用に影響を及ぼす可能性を、アルファベット順に書き出す）があげられます。

また、ロバート・クロフォード（ネブラスカ大学教授）の提唱した「属性列挙法」もチェックリストの応用です。さらに、数学的な問題を解くときのチェックリストの開発は、スタンフォード大学のポリヤです。

なんといっても有名なのは、アレックス・F・オズボーン（創造教育財団創立者）です。かれの考案は新しいアイデアのためのチェックリストです。

チェックリスト法（オズボーン）

①　他に使い途はないか？
　そのままで新しい使い途は？　改造して他の使い途は？
②　応用できないか？
　他にこれと似たものはないか？　何か他のアイデアを示唆していないか？
　何か真似できないか？　誰かを見習えないか？
③　修正したら？
　新しいひねりは？　意味、色、動き、音、匂い、様式、型などを変えられないか？　その他の変化は？
④　拡大したら？

何かくわえられないか？　もっと時間は？　頻度は？　より強く？　より高く？　より長く？　より厚く？　付加価値は？　材料をプラスできないか？

複製は？　倍加？　誇張は？

⑤　縮小したら？

何か減らせないか？　より小さく？　濃縮？　ミニチュア化？　より低く？　より短く？　より軽く？　省略は？　流線型に？　分割できないか？

内輪にできないか？

⑥　代用したら？

誰か代われるか？　何が代用しうるか？　他の材料は？　他の素材は？

他の動力は？　他の場所は？　他のアプローチは？　他の音色は？

⑦　アレンジしなおしたら？

要素を取り換えたら？　他のパターンは？　他のレイアウトは？

他の順序は？

⑧　逆にしたら？

ポジとネガを取り換えたら？　逆はどうか？　後ろ向きにしたら？

上下をひっくりかえしたら？　逆の役割は？　テーブルを回したら？

⑨　組み合わせたら？

ブレンド、合金、品揃え、アンサンブルはどうか？　ユニットを組み合わせたら？　目的を組み合わせたら？　主張を組み合わせたら？

アイデアを組み合わせたら？

あれこれ考えて改善するときに、このチェックリストは役に立ちます。しかも、私たちの頭脳の中であれこれアイデアを出すのに行き詰った時など、頭の回転をチェックしながら「発想法」を転換するのにも役立ちます。

チェックリスト法は視点・観点・パラダイムシフトにも役立つ

「見方を変える」

拡大してみる。縮小してみる。逆にして見る。代用して見る。組み合わせて見る。

比較してみる。角度を変えて見る。アレンジして見る。分解して見る。

いろいろな見方（観点・視点）をするのにも使えます。アイデアを考えたり、問題解決を考えるのに適応範囲は広く使われています。

さらに、発想の枠組みであるパラダイムの変更に関しても、さまざまな発想のヒント、観点を与えてくれます。

人・モノ・イベント・チェックリスト法

① 人材資源チェックリストと人材マップづくり

② モノ・資源チェックリストとモノ資源マップ

③ イベント情報チェックリストモノ・資源・人材マップづくり

チェックリスト表とマップを作ってみましょう（表5）。

それらを、ガンジュ

表5　わが街のモノ・資源チェックリスト

名　称	内　容	所在地	備　考

わが街のイベント・人材チェックリスト

名　称	内　容	所在地	備　考

ウグループ学習活動に活用しましょう。

チェックリストの応用例

チェックリストによる認知症の判断

宮里式チェックリスト法

□物忘れが目立つと家族や友人からいわれる
□以前に比べていろいろな生活の場面で意欲がなくなった
□料理が単調になったり味付けが変わった
□今まで趣味でしたいたことが下手になった
□話の内容が単純な内容になってきた
□夜寝ぼけて妙な言動をすることがある
□感情が淡白な感じになったり、逆に落ち着かなくなるとか感情が変動しやすくなった
□自分の今の状態について自覚が乏しい
□久しぶりに会った方から、以前と比べて人が変わったようだと言われる
□物が無くなったと言う

＊以上、一〇項目のうち三つ以上該当したら認知症の疑いがあり、五項目以上だと可

能性が高いので、早めの受診をおすすめします。

ＫＪ法～収束技法の代表

考案者　川喜田二郎（日本創造学会初代会長）

ＫＪ法は、日本で考案された創造開発技法としては、最も有名な技法です。ＫＪ法は、個人・集団・組織を問わず、人間が未知の一つの問題解決を行う場合、「首尾一貫して達成する過程」を問うところから出発しています。その過程は①判断、②決断、③執行であるとしています。

技法の展開

① テーマを決める。

② 情報を取材しデータ化する。

情報の取材が重要です。情報を外から集めてくることも可能ですが、なるべく自分の内（頭脳）に持っているテーマに対する種々の内的情報（アイデア）が大切です。といいますのは、ＪＫ法という作業は、情報の分類整理だけのノウハウではありません。その方法に、自己のアイデアを引き出して参加し、ひき出されたアイデアに対していろいろと「判断」し、「決断」を下し、「執行」するという「参画性」が要求されるからです。

その過程を通して問題を解決していくとともに「自己の内の解明」を通して、自己啓発も行われますので、ＫＪ法が単なるデータ整理のみならず人間変革（自己啓発）の形成的意味を含んでいるのです。

③ データをカード化する（アイデアのカード化）。

一カードに、ひとまとまりの訴え（志＝ココロザシという）を持ったデータを、短い文書（語句）で書きます。このデータがココロザシ、訴えという語句を使っているところに注視しましょう。単なるアイデアであれば、なにもココロザシや訴える必要などありません。そのデータはココロザシを代表しています。

④ 志の最も近いカード同士を集める。

それは決して分類ではありません。この作業（ラベル集めという）は、定まった基準にしたがって分類するのではなく、基準なしに志の近いカード同士を集める作業です。

⑤ 表札をつくる。

セット（ひとまとまり）になったカードをそれぞれに、なぜそれらのカードが集まったのか、「集まった理由」を的確に文章化しまとめる過程です。「概念形成の手続き」です。表札を表面にし、セット（ひとまとまり）のカードをそこにまとめます。

⑥ 次々と上位のグループへとまとめる。

最期に、束ねたラベルの数を数束（多くても一〇束）以内まで何段階でも行います。この、志を束ねていく④⑤⑥の過程が「判断と決断」の大仕事です。志を同じにまとめる議論、たばねた志に表札を作ります。なぜそれらが「集まった理由」についての意味づけの議論と「概念形成」時での議論と判断と決断など、ガヤガヤ、ワイワイ議論沸騰します。集団での判断と決断はまるで「議会」です。ですから、「ＫＪ法は、真の民主主義には不可欠である」といっています。

⑦　大きな紙上に作図する

模造紙などを広げ、数束を空間配置します。最も全体の意味の構図のよい配置を探すことです。次いで、高次の束から順次、その中に含まれる束を取り出し、最善の空間配置をさがすことです。

このようにして元のカードの配置まで展開し終えたら、それらをその位置に張り付けます。次いで、低次元のラベル集めの群ごとに「島取り」（島の囲い）を描き、それ以外もしくは内側に表札を転記していきます。島取りが済んだら、「島間の関係」さまざまな関係線で表示します。この段階でも、当然みんなの議論は大事です。

⑧　文章化、または口頭発表。

図解を踏み台にして、その内容を文章化します。もしくは、図解を指示しながら口頭発表します。

技法の展開事例

① テーマを決める・「創造的な仕事と職場とは」
② 情報を集めて、データ化する。
③ データを図表の①②③……のように、それぞれカード化する。一カードに一まとまりの訴え（志）が原則。短くても必ず文章にする。
④ 志の最も近いカード同士①②、③④⑤を集める（ラベル集め）。既成概念による「分類」にならないようにすることがポイント。
⑤ カードがなぜ集まったのか、その理由を文章化し、表札Aをつくる。表札を表面にしてセット（囲い・島）のカードを束ねる。
⑥ 同じ要領で、次々と上位のグループへまとめていく。最後に、束ねたラベルの数が数束、多くで一〇束（Bのように一束一枚のこともある）以内まで、何段階でも行う。
⑦ 模造紙など大きな紙を広げ、数束を空間配置する。次いで、高次元の束から順次、その中に含まれた束を取り出し、最善の位置に配置していく。配置終えたら、群ご

とに島取りを描き、表札（C、D）を転記していく。そして島取りと表札が書き込まれたら、それらの島の関係を関係線で表示する。

図解を踏み台にして、文章化あるいは口頭発表する。

KJ法との出会い

私が創造学の学徒として歩み始めた助手の頃に、恩師のゼミに「KJ法演習」があり、熱気のある演習のようでした。というのも、ゼミ生の一人が私の研究室にやってきて、そのことを盛んに語っていたからです。その態度からも、演習の雰囲気が漂っている感じでした。ある時、その熱心な学生がやってきて、「実は川喜田先生のもとでKJ法の普及講師になりました」というのです。私は驚くとともに、この学生の熱心さからある程度納得していました。聞けば「KJ法で社会科の授業を担当します」ということで、大阪のある学校でKJ法を使った授業を行い評判になりました。その後、その授業は途切れてしまいました。まもなくして、その学生はやってきていろいろ反省点を話してくれました。そこで判明したことは、彼はKJ法を単なる「社会科教材の指導法」として捉えていたということです。教材で調べ学習していると確かに面白い学習が展開されます。結果として「面白かった」で終わり「社

表6　創造的な仕事と職場とは

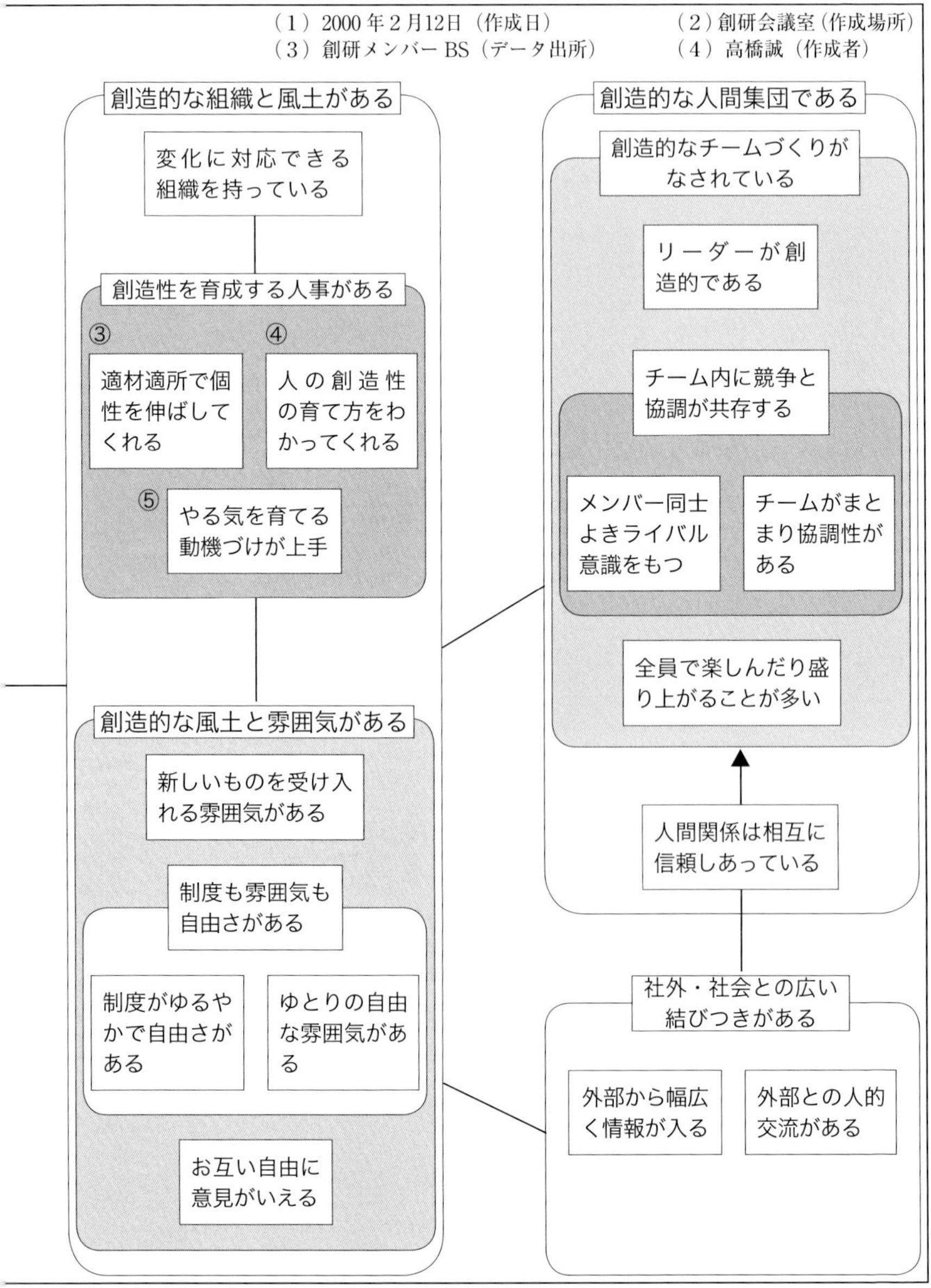

会科の知識の習得」が目的となってしまいました。

私もなまかじりＫＪ法程度でしたが、その学生の見落としていたのは、ＫＪ法を使って学級集団を「社会化」できなかったのではないかと思い、そのことを議論しました。当時、生活指導で「集団づくり」が流行っていたので、そのことと合わせて検討しました。結局、ＫＪ法による社会科の授業を通して、学級集団を作る視点が欠けていることに気づきました。教育におけるＫＪ法は、創造的集団づくりが大事だということを後になって気づいたのでした。

より一般的には、ＫＪ法はデータの整理活用・新たな発見の技法として使われている傾向

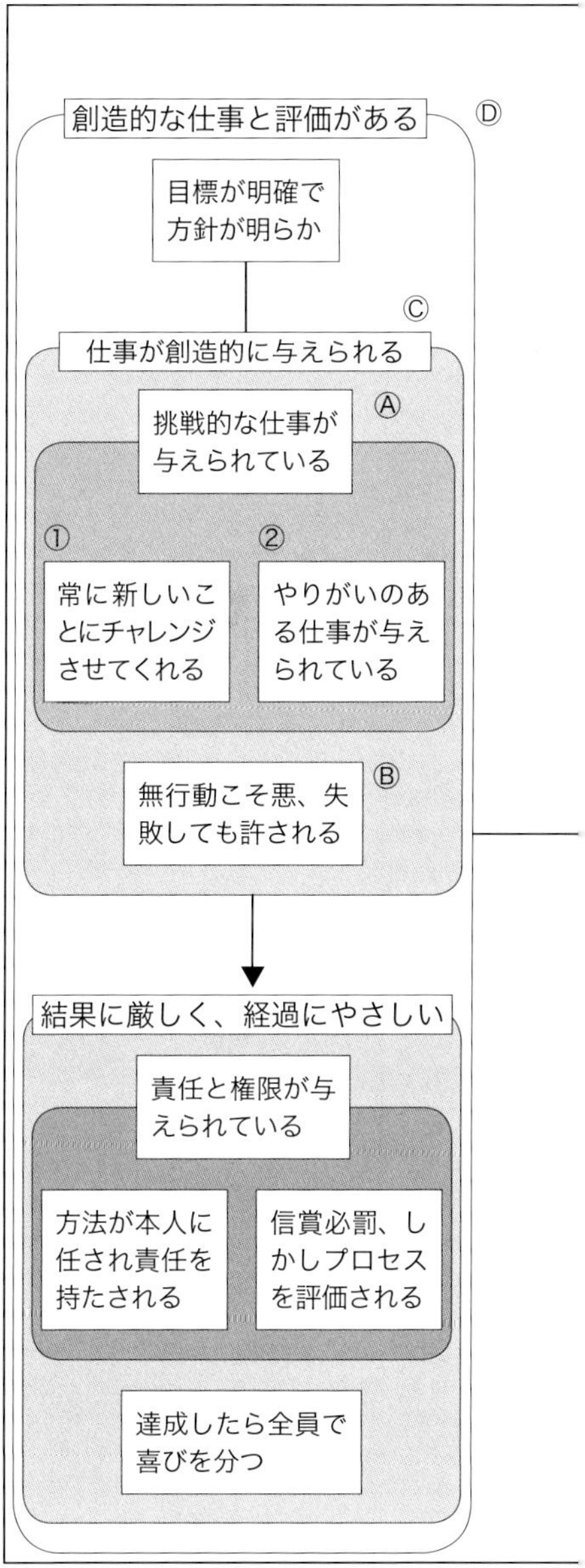

にあります。ＫＪ法が民主的集団をつくるという創始者の本音はあまり理解されていないようです。川喜田先生は、移動大学でも実験・実証済です。

そういう私も、シニアになって初めてその真意が分かるようになりました。川喜田先生と何度かご一緒しましたが、やっとこの頃、門下生の一人になった気分になりました。シニアにとってＫＪ法はデータ整理ではありません。もしＫＪ法を使うとしたら「生きがいと仲間づくりのＫＪ法」ではないでしょうか。

シニアのためのグループ・ダイナミックスとＫＪ法

シニアのＫＪ法は、シニアの民主的集団づくりの道具（ツール・スキル）として使います。新しい所産の発明にではなく、創造的問題解決の民主主義として、コミュニティー形成のツールととらえたいのです。ＫＪ法をやれば、民主的なグループになる。それが、グループ・ダイナミックスＫＪ法です。コミュニティーづくりに、ＫＪ法の深い意味はそこにあるのではないでしょうか。

第四部

ガンジュウ城《グスク》アカデミーの開設

山原《やんばる》の森の小さな大学（天空のアカデミア）

ガンジュウ城《グスク》アカデミー

ガンジュウ城《グスク》からの眺望（屋我地大橋）

黄金亀《クガニカーミ》（リュウキュウヤマガメ・天然記念物）

十一　市民のためのガンジュウ城《グスク》アカデミーの開設

比嘉佑典

ガンジュウ城《グスク》アカデミー命名の由来

私は平成八年八月十八日に、屋我地島墨屋原の森に「山原遊びと創造の森図書館」を開設しました。遊びと創造性の文献を集めた市民のための図書館です。東京都から幼稚園教諭免許を取得したことから、ここやんばるの森に保育関係の文献と、長年収集した遊びの図書と創造性関係の図書を集めて、「山原遊びと創造の森図書館」と命名しました。開館の祝日には、日本創造学会会長の恩田彰（心理学）教授の講演で「創造の魂」を入れてもらいました。当日、名桜大学の学長であられた東江康治先生もお祝いに駆けつけ激励して下さいました。

その後。二〇〇〇年十一月に「島宇宙展望博物館」と「御城《グスク》茶屋」を開きました。大自然

森の中に図書館オープン

屋我地島

創造性と遊び重視

名護市出身の比嘉さん設立

【名護】「遊びと創造性」をテーマにした全国でもユニークな図書館が、名護市・屋我地島の森の中にオープンした。

この「山原遊びと創造の森図書館」は、名護市出身の比嘉祐典さん(五七)(東洋大学教授・日本創造学会副理事長)が設立。遊びやがん具、創造性の開発などの研究をしている比嘉さんの、集めた専門書や一般書など約六千冊を収めている。

専門図書館協議会(東京)によると「これまでマンガ図書館などはあったが、遊びや創造学を専門にした図書館は全国でも聞いたことがない」という。

十八日に、図書開きが行われ、多数の教育関係者らが開館を祝った。

図書館は、約九二・四平方メートルの平屋コンクリート建て。屋我地ビーチに隣接する一万九千百四十平方メートルの森の高台にあり、羽地内海を見下ろす静かなたたずまい。

「遊びの文献」(ゲーム・人形・おもちゃ・余暇・マンガ)や「創造学文献」(アイデア開発法・幼児の能力開発・経営創造学)、「中国おもしろ文庫」(仙術・遺跡・奇怪)、「郷土文庫」などに分かれ、故島袋勉氏(元実践女子大教授)の所蔵本を収めた「島袋勉文庫」も設けている。今後は、公開講座や機関誌の発行も予定している。

比嘉さんは「故郷に、このような専門図書館をつくれて大変うれしい。二十一世紀には『創造性』がキーワードになるので、たくさんの人が活用してほしい。将来は、この広い森を開いて、読書と芸術の森にしたい」と話している。

図書開きでは、恩田彰氏(東洋大学名誉教授・日本創造学会長)が「創造的能力開発と創造性教育」と題した特別記念講演を行った。

開館は当分は一、三、八、十二月の土・日曜日で、館内閲覧のみ。問い合わせは、電話0980(52)8368まで。

1996年（平成8）8月21日、沖縄タイムス

を展望する自然博物館です。

その時には、東京秘書クラブからのお祝いと、その後ＪＡＬのパイロットグループも訪れました。台湾政府工業経済部中衛センター（生活観光文化産業を目指す財団）のメンバー（約三十人）との交流も行われました。「山原島酒之会」の会合に使い、日本人形玩具学会の集団もこの施設を訪れています。

また、琉球大学や沖縄国際大学の学生たちによる「名護市市史編纂」の作業の場としても活用してもらいました。毎年私の大学（東京）のゼミ合宿にも使いました。

これらの三つの施設を使って「生

島宇宙展望館を開設

景観で伝説・神話イメージ

屋我地島

【名護】名護市屋我地島に十日、私設の島宇宙展望博物館がオープンした。展示物は、博物館屋上から一望できる山や島々、海などの「景観そのもの」。小高い丘に建設された博物館からは、人類発祥伝説が残る古宇利島、琉球開びゃくの神話が残る辺戸の安須杜御嶽など、伝説や神話などにまつわる場所が眺望でき、パンフレットで民話や伝説を読みながら、実際の場所を眺めることができる。

自由な発想で活用を　比嘉館長

島宇宙展望博物館とオープンさせた比嘉佑典館長＝名護市・屋我

屋我出身で東洋大学教授でもある比嘉佑典館長は「ここから見えるのは現在の景色だが、民話や伝説とつなぎ合わせることで古代のイメージにつながる」と話し「訪れる人が、思い思いの観点で楽しむ『イメージ博物館』にしたい」と新しい形の博物館を提唱する。現在はパンフレットを置いているだけだが、将来的には展示物が置けるガラスケースや自由に説明を聞くことができる設備、個展が開けるギャラリーの設置などを計画している。

比嘉館長は、同博物館と四年前に設立した山原遊びと創造の森図書館、また今回同時にオープンした御城茶屋を「地元の人や観光客など、多くの人が集い、自由な発想でこの場所を活用してほしい」と話す。営業時間は午前十一時から午後七時まで。火、水曜日定休。入場無料。問い

2000年（平成12）11月15日、琉球新報

涯学習の森」と命名しようかと思いました。図書館、博物館は生涯学習（社会教育）施設だからです。私の専攻も生涯学習でしたから。

しかし、私は東京という遠方にあって、うまく運営が進まないところに、大型研究プロジェクト（代表）や大学の仕事に追われ、定年退職まで放置した状態でした。

やっと解放された現在、再びその夢の実現に取りかかるチャンスがやってきました。そこで、施設全体を代表するネーミング（観光も含めて）を考えました。この図書館の建つ森一帯は、民話伝承では「黄金伝説」の場で、森の頂上には「黄金の花が咲いた」伝説や、森の下には「大和人墓《ヤマトンチュウバカ》」があって、そこら一帯から黄金のねじれた杖が出てきたので、その一帯は方言で「ムディグサニー」（ねじれ

「山原エジソン学校」で研修を行った台湾の親子グループ

山原から未来のエジソンを

名護市
創造の森図書館

イメージ力高める

少年少女 発明クラブを発足

【名護】遊びと創造性をテーマとする「山原遊びと創造の森図書館」（比嘉佑典館長）が、創造性豊かな子供を育てようと、近く「山原エジソン学校（少年少女発明クラブ）」を発足させる。

比嘉館長(五七)＝名護市出身＝は東洋大学教授で、日本創造学会副理事長を務めるなど、創造性開発の専門家。今年がエジソン生誕百五十年にあたるのを機に設けた。比嘉館長は「これからの教育は、いかに創造性を高めるかが重要だ。豊富なメニューを組んで、山原から未来のエジソンを出したい」と意気込んでいる。

発足を前に二十一、二十二の両日、比嘉館長と交流のある呉千華・国立台湾師範大学工業教育系副教授らが率いる「台湾発明クラブ」（会員約三百人）の親子約三十人が訪れ、レクチャーを受けた。

研修では、レンガ大の石ころが何に見えるかを思い付くまま挙げてイメージ力を高める訓練。子供たちから、豚肉、ダイヤモンド、アヘン、幾何学の図形、ハンバーグ、豚の耳、弾丸、大きな米粒など、ユニークな答えが続出。比嘉館長は「一つの石

石ころからイメージを膨らます台湾発明クラブの小学生
＝名護市屋我、山原遊びと創造の森図書館

た杖）と呼び、略称してムデグサーといわれています。そんなことから、「黄金城《クガニグスク》」にしようかと迷いましたが、高齢化社会を迎える現代にふさわしい名前はないかといろいろ考えた末に、「ガンジュウ城《グスク》アカデミー」と名付けました。その理由は三点あります。

一点は、城の裏の珊瑚礁の岩山（嶽・ウタキ）から、夫婦の黄金色した天然記念物のリュウキュウヤマガメ（二〇〇二年十二月二六日）を発見、亀は長寿のシンボルであることと、私自身が二度の大病の経験がありそれを克服しましたので、これからも健康長寿にと願ってガンジュウと命名しました。

二点は、城《グスク》のことです。ここ屋我の集落には歴史的に「アマ城《グスク》」と「屋我城《グスク》」（約六〇〇年つづく）があります。現代版の第三の城として「ガンジュウ城《グスク》」を発想しました。一集落に城が二つあるということは、歴史的に重要な場所だと思っています。

三点目は、アカデミーと命名したのは、個人的には私自身が学問の徒として専門職にあったことです。地域的理由は、この墨屋原には「墨屋原遺跡」があって、約五千五百年の歴史を持つ縄文人の故郷があるということです。

その五千年前のギリシャ・ローマでは、哲学が生まれソクラテス、プラトン、アリストテレスらによって学問の世界が開かれました。私の学問趣味も含めて、ここ縄文人の故郷に「アカデミア」を築きたい思いから命名しました。

シニア世代になった今、そこを新たな「学びの世界」として開拓していきたいと思う所存です。

翼をつけた海洋シニア移動大学の設立

ガンジュウ城《グスク》アカデミー　学頭　比嘉佑典

ガンジュウ城《グスク》アカデミーに、名桜大学退職教員有志を中心に海洋シニア移動大学を立ち上げる予定です。

開設の動機は、急増する高齢者問題、高齢者の「健康と生きがいと教育」の問題解決に精力的に取り組むことを目的としています。近い将来、高齢者が四人に一人という超高齢社会を迎えます。高齢者の中には、活発で活動的なシニアがおります。元気なシニアに対し生涯学習の機会を提供すべく、アクティブシニアのための大学を指向しました。

沖縄は歴史的に「海邦国家」です。海洋民族の気概を再び実現する海邦教育機関として、ここに「海邦賛歌」の大学歌を制定し「万国津梁」の鐘を轟かせたいと思っております。すでに海邦賛歌の校歌もできあがり、着々と準備が進んでおります。校歌を紹介しましょう。

海洋シニア移動大学歌

作詞　吉川安一
輔作　比嘉佑典
作曲

海邦賛歌

一
名護屋我地のガンジュウ城《グスク》は
より高いレベルのアカデミーを担う
海洋民族の魂とエネルギーを
心身健康で活力溢れる

海洋カルチャーの発信拠点
海洋シニア移動大学を創設し
地域社会で再生して生かす
長寿社会の理想郷を創る

二
青い海原島国を映し
凄いシニアパワーと熱いスピリットで
オーシャンカレッジで切磋琢磨を積み重ね
自己実現図り社会貢献は

学友集う国境を越えて
海洋文化の探求と学修
自己啓発と研鑽に勤しみ
生涯築く未来への挑戦

三
海は架け橋チムグクル通う
海は生命《いのち》の母健康の源《みなもと》

祖先の大交易《いぎょう》で海邦国家
豊穣《ゆたか》に育む有限の万物を

平和で心が豊かな人類福祉の　国際性富む人材の育成
楽しみ味わいて協学深める　みんなで学びを創りだす喜び
海洋シニア移動大学の理念と使命が　世紀に響《とよ》む我らの大学

設立の経緯

海洋シニア移動大学創設者の私は、以前公立大学法人・名桜大学理事長（二年）の職にありました折に、名桜大学設立組合理事長（名護市長）から「北部生涯学推進センター」の運営を委託されました。早速「エクステンションセンター」（大学地域開放）の改革に乗り出しました。そこで名桜大学長寿大学校の開設を計画し、理事長自ら自前の「健幸長寿コース」「歴史文化コース」「環境生活文化コース」のカリキュラム（一年コース）を作成しました。そのカリキュラムを、新年度から開講することになりましたが、学内の事情と私の理事長退任により、ついに開校に至りませんでした。（資料三四七参照）

ここやんばるの高齢者は、生涯学習の機会に恵まれておりません。わたしは以前から、沖縄かりゆし長寿大学校に関わってきました。その経験から、是非やんばるにも同様な大学校

儀間比呂志（版画：名桜大学所蔵版）

をということで、北部生涯学習推進センター（このような専用施設は全国の大学で唯一だと思う）でその実現を夢見てきました。残念ながら、多くの理解が得られず、今日になっても実現を見ておりません。地域貢献型大学を目的として設立した名桜大学、知的資源を豊富に持ち、その北部生涯学習推進センターまでいただいていますのに、北部の高齢者三万六六九六人（六〇以上）に生涯学習の機会を提供できないでいることは、生涯学習専攻の私としては残念でなりません。いな国際的にも高齢化社会に向けた、高齢者のための高等教育国際委員会も検討しています。

退任を機会に、新たにその目的を踏襲し、やんばるのシニアの皆さんのために新たな市民レベルの大学を構想した次第であります。

海洋シニア移動大学の特色と使命

私ども日本創造学会の師匠であられた川喜田二郎先生は、ＫＪ法の開発者で日本創造学会の初代会長でした。先生の創設した「移動大学」は、当時大きな反響を呼びました。その移動大学の精神を受け、私は第六代理事長に選任され、その後は日本創造学会名誉学会長の栄誉にあずかっております。

こうした経緯から、屋我地のガンジュウ城《グスク》アカデミーに「海洋シニア移動大学」を開設する運びとなりました。移動大学は、翼のある大学です。全国いたるところにも飛び立ち、そこを「学び舎」として開拓するフロンティア大学です。翼を付けた移動大学の使命は、「問題のあるところ」には、いつでも飛び立って創造的に問題解決を行うことを使命としていま す。その意味で、移動大学は、創造的問題解決の大学でもあります。元祖はＫＪ法の川喜田創造学を根幹とし、日本創造学会の血脈をくむものでもあります。

「学ぶ意志のあるところに学問あり」の精神で、新たなシニア社会へ学びの挑戦の翼を広げていきたいと思います。

今日シニア社会には、二つの集団があります。一つは、アクティブシニアといわれる活動的な集団です。そのシニアパワーの開発は大きな課題です。

二つには、生活不活発病と呼ばれる引きこもり集団です。生活不活発病を島のことばで「生活チンダリ病」と呼びましょう。この生活チンダリ病は深刻な事態を招いています。わが国の後期高齢者医療給付は年間一二兆六、二一〇九億円です。チンダリ病はその予備軍にもなっています。この健康問題の解決も、わが海洋シニア移動大学の使命だと思っております。

今でも忘れない沖縄ショック26、ご先祖に申し訳が立ちません。島は基地にとられ、長寿までも浸食されつつあります。明らかに食生活の欧米化です。島の「命《ぬち》どぅ宝」は脅かされつつあります。この解決なくして沖縄の健全な未来はありません。今再び海洋民族の気概を胸に、新たな挑戦を志、ここに海洋シニア移動大学を設立するものであります。

海洋シニア移動大学の十大特徴

① 「学び」ではなく「行動し創る」創造大学である。

人生において六〇年余、学びため込んできた「知の蓄財」を思い切り「使い果たす」大学である。「学ぶ喜び」でなく「創る喜び」である。貯めておいた知の貯金を使う喜びである。楽しくお金（知）を使う大学である。人は自らの内面に創造力の鉱脈を見出すと、学習能力や創作力や自然治癒力が向上する。

②　創る大学に必要なものは「発想学」である。

発想学とは、アイデアを生み出す学問である。アイデアを生み出す発想学は、時と場所を選ばない。発想する人自身が発想の主体である。蓄えた知識を元手にアイデアを発想すればいいだけである。他に何もいらない。

③　アイデア発想学は限定的時間を必要としない。

アイデアは風呂の中でも湧き出る。車の中でも思いつく。真夜中や朝目覚めの時にアイデアは生まれる。旅の空でアイデアを駆使して俳句を創ったのは松尾芭蕉。アイデアは何時でも浮かぶものである。時間の制約を受けない。学校のように時間割はない。時間に左右されない。

④　アイデアの発想に限定的場所・空間はいらない。

アイデアを思いつくのに、学校に行く必要はない。大学に行く必要はない。アイデアを思い付いた場所が「アイデア発想の場」である。家の中、トイレの中。乗り物の中、喫茶店、山川、田園、道、木陰等々、アイデアが生まれた所が「場」であり、自由空間である。学校という特定な場を選ばない。重要なのは、人はアイデアを生み出す能力に優れていればいいということである。

⑤　アイデアは問題解決・構想・企画・計画・立案のためにはたらく。

問題を解決するには、どうしても解決のアイデアが必要。企画立案。構想計画にもアイデアが必要である。企画会議や種々の会議に必要なのはアイデアである。

⑥　海洋シニア移動大学は「集団的発想」の大学である。
一人で発想するのは自由だが、集団で発想するとアイデアは爆発的に量産される。一人では解決不可能な複雑多様な問題の解決には「集団の知恵」が必要である。その集団の知恵を「集合知」「群衆知」「衆知」と呼んでいる。それがなければ、社会問題、コミュニティー、地域問題にアプローチできない。そのためにこそ、シニア移動大学がある。

⑦　アクション・リサーチを中心とするグループ・ダイナミックス的活動集団である。「机を前にして思考にふける」学校型教育ではない。個々人のアイデアをかき集めて問題を総合的に解決する「巨大な創造生態系」であり、創造力の壮大な集合体である。創造船団である。

⑧　海洋シニア移動大学ではリーダーシップを育てる。
コーディネーター、マネージャー、プランナー、プロデューサーといったリーダーを育成する。問題解決や企画立案や構想計画のプロを目指している。

⑨　移動大学では種々の創造技法の習得を目指す。

メソッド（方法）はアイデア開発技法、発想技法、問題解決技法などの技法の習熟である。例えば、KJ法、ブレーンストーミング法、等価変換技法、シネクティクス、アイデアマラソンなど数十種類の創造技法を駆使して、問題解決、企画立案・構想計画を創造的に解決する技能を伝授する。

⑩ クリエイティビティ（創造性）は自己資本である。

自己資本を自己投資して、自己の人生を開発する最大のテクノロジーは創造力である。

われらシニア・マイカー族の移動式学修方法

遊学の原点にかえろう。学校（スクール）の起源が、ギリシャの「スコーレ（閑暇）」、ローマの「ルードス（遊戯）」であったことを思い起こしましょう。もともと、学校は子どもたちを野原に集めて、遊戯や閑暇（暇を楽しむ）の場所でありました。聖哲プラトンは、遊戯で子育てを主張した元祖でもあります。

学問の世界も遊学といって、他国を旅して学問をするということから始まりました。学問の師匠を訪ね歩き修業したのです。「可愛い子には旅をさせよ」は、教育の原点です。「可愛い自分に旅をさせ」て、楽しく学び歩く「遊学」こそが、高齢者（自由人）の学びの原点です。わが海洋シニア移動大学は、こういいたいのです。

学びの宿は、田園学舎、青空教室、白浜学舎、いたる所を「学びの場」としています。シニア・マイカーで学修して歩きましょう。学修は自由デービル。そこにこそ、真の学問の自由と喜びの神髄に出会うことでしょう。さあ、エンジンを始動して旅立ちましょう。

マイカー移動大学の移動教室方式

遊学地の本部校は、ガンジュウ城《グスク》アカデミーの建物です。屋我公民館、ガンジュウ城《グスク》パノラマ・ミュージアム（旧島宇宙展望博物館）、美ら海海洋文化センター、名護スポーツリハビリセンター、名桜大学北部生涯学習推進センター、今帰仁歴史文化センター、美ら海財団図書館、屋我地ひるぎ学園、離島の公民館、名護市立博物館、県立名護保険所、やんばる自然保護施設等の他に、やんばるの大自然、海浜等を渡り歩いて遊学します。

マイカー移動大学の学修目的

マイカー族の集団プロジェクト学修の方法

① テーマ（目的）の設定―みんなでテーマを決めます。

② 計画・立案―テーマに沿って、集団であれこれ討議してプランを練り上げます。

③ 実践計画―プランをどのように実行するか、みんなで実践計画と準備をします。

④ 実行・行動―実際にみんなで展開していきます。

⑤ 整理・集約―実践の結果を整理・集約します。

⑥ 成果の評価―実践の成果をまとめます。

このような手順で学習を展開していきます。

このプロジェクト法を「全心身をこめた目的的活動」と呼んでいます。そうした全心身をこめた体験学修を通して、直接に全心身で感じ取り、仲間（集団）で共鳴し、喜びを共有するという学修方式です。「共同体感覚」沖縄的には「イチャリバチョウデー感覚」です。それこそが最高の生きがいです。そのような学びは、以上あげたような学修方式から多く得られるものです。

表7

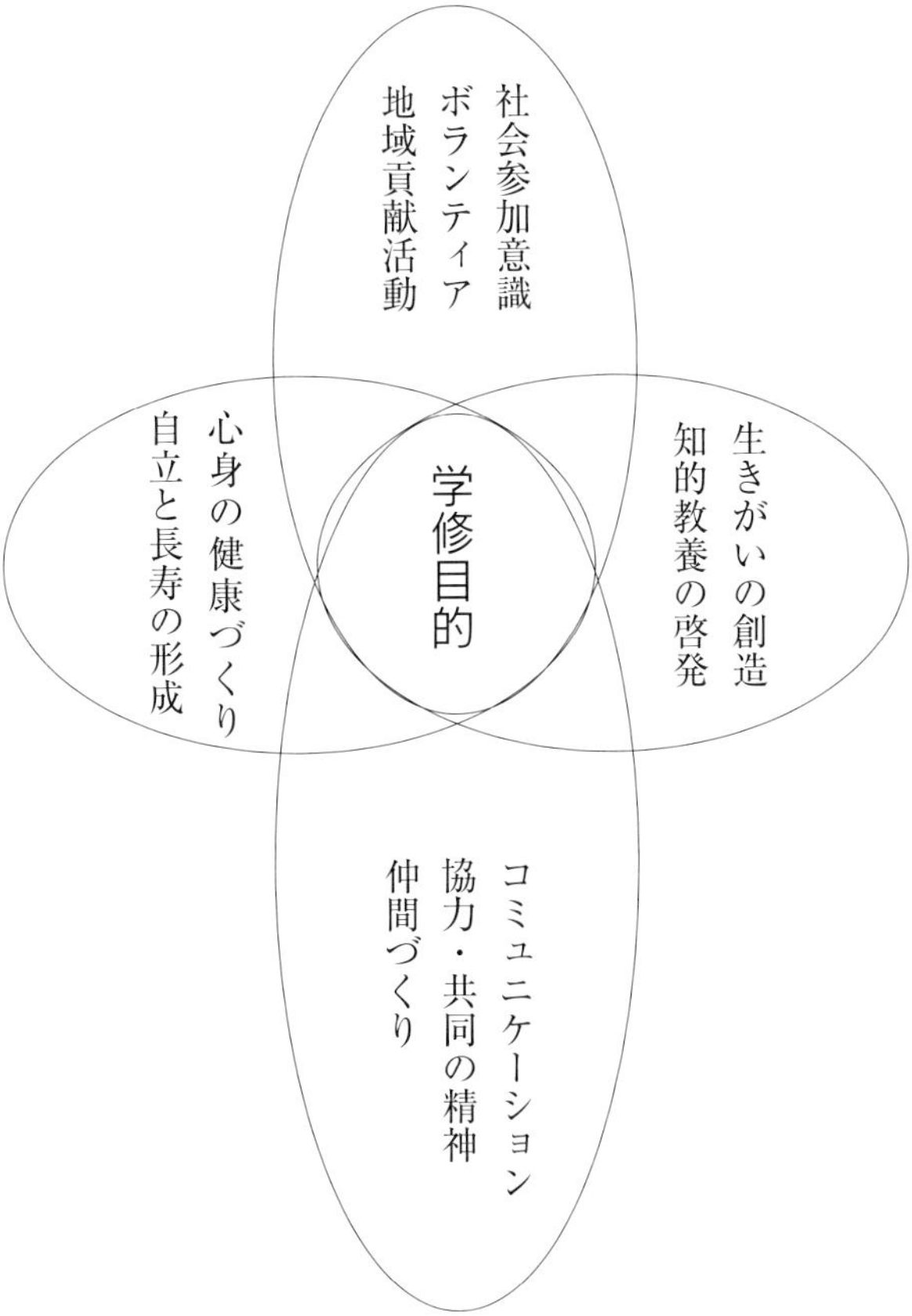

年間カリキュラム一覧

海洋シニア移動大学一般対象の年間カリキュラム一覧

平成○年度　海洋シニア移動大学年間カリキュラム一覧　(案)(比嘉佑典オリジナル)

月	日	曜日	午前(10:30～12:00)(講義中心)	午後(13:30～16:00)(主に自由研究・倶楽部活動)
	14	火		入学式（生涯現役宣言）主宰者
	21	火	アクティブシニアが学ぶことの意味	ホームルーム　事務局
	28	火	ホームルーム（各委員選出）	海・癒しと心の健康管理
5月	12	火	マリンレジャについて	ビーチ・レクリエーション
	19	火	マリンスポーツについて	ゼミ研究・倶楽部活動（自由）
	26	火	特別活動　マリンスポーツ球技大会	
6月	2	火	海洋文化史	海の生物─珊瑚
	9	火	海洋民族とサバニー	ゼミ研究・倶楽部活動（自由）
	16	火	海と文学（老人と海）	ゼミ研究・倶楽部活動（自由）
	23	火	大航海史	海人交流会（屋我地・羽地漁業組合）
	29	火	航海安全祈願と民俗誌	世界遺産今帰仁城見学実習
7月	7	火	特別活動　羽地内海サバニークルーズ実習＆海難事故と救急法実演	(名護市消防署)
	14	火	海の食生活・海の栄養学	ゼミ研究・倶楽部活動（自由）
	21	火	スポーツとリハビリテーション	ゼミ研究・倶楽部活動（自由）
	28	火	特別活動　屋我地の塩田・塩田の起源	塩田実習体験学修（我部の塩田）
8月	4	火	シニア＆リトルの手習い教室	★印
	11	火	海神祭りとハーリー	★印
	18	火	シニア＆リトルのいかだ遊び	マリンレジャ（水泳）
	25	火	フラ‐ダンス講習会	ゼミ研究・倶楽部活動（自由）
9月	1	火	世界の海賊たち	ゼミ研究・倶楽部活動（自由）
	8	火	水泳と健康法	海洋療法とリハビリテーション
	15	火	夏休み　　休講	夏休み　　休講
	29	火	名桜大看護学科提唱する・ケアリング	ゼミ研究・倶楽部活動（自由）
10月	6	火	健康長寿体操	あなたの健康チェック
	13	火	老人看護・介護	★印
	20	火	沖縄の海外移民─南米編	沖縄の海外移民─ハワイ編
	27	火	特別活動　伊江島のシニア交流の旅	伊江島見学と伊江島のシニアとの交流懇親会（伊江島）
11月	10	火	島宇宙伝説とニライカナイ	ゼミ研究・倶楽部活動
	17	火	屋我地の古代遺跡群	ゼミ研究・倶楽部活動
	24	火	留学生との交流会　留学生グループ	ゼミ研究・倶楽部活動（自由）
12月	1	火	海浜環境美化活動　ＥＭ団子作戦　ＥＭ研究機構（ビーチ）	ビーチの清掃（ビーチ）
	8	火	中国語 ABC　留学生グループ	ゼミ研究・倶楽部活動
	15	火	シニアのボランティア活動の在り方	ゼミ研究・倶楽部活動（自由）
	22	火	シニア＆ヤング交流会　名桜大学人間健康学部学生	クリスマス会・レクリエーション
	29	火	冬休み　　休講	冬休み　　休講
1月	6	火	新年会（舞踊）	
	13	火	研究成果発表（自由研究）合同討論会	
	20	火	小集団で学ぶ「シニア・ミニカレッジ（大学）」をつくろう。その作り方、展開の仕方を学ぼう	
	27	火	文化祭の準備	
2月	3		海洋文化祭と学習発表会(未定　　)	午後：かたづけ
	10		特別記念講演	年間学修活動のビデオドキュメンタリー鑑賞会
			卒業記念植樹	
			卒業式　　事務局	懇親会

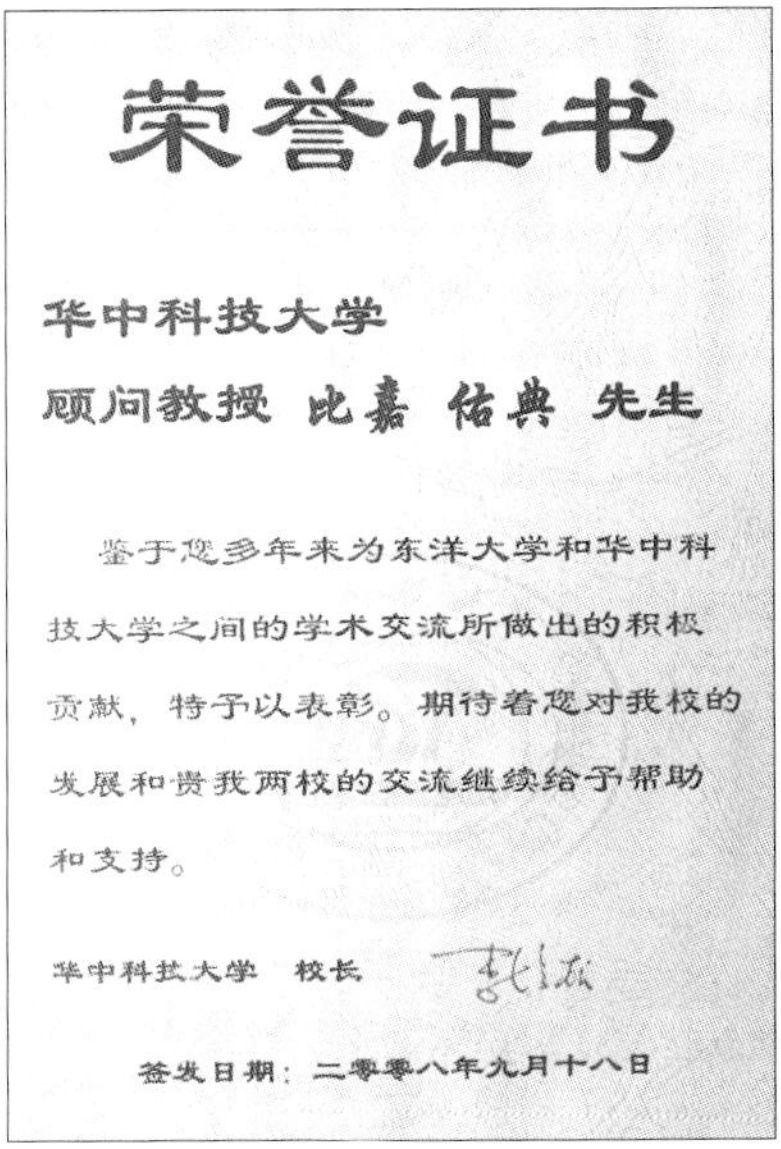

荣誉证书

华中科技大学

顾问教授 比嘉 佑典 先生

鉴于您多年来为东洋大学和华中科技大学之间的学术交流所做出的积极贡献，特予以表彰。期待着您对我校的发展和贵我两校的交流继续给予帮助和支持。

华中科技大学　校长

签发日期：二零零八年九月十八日

華中科技大学の「顧問教授の証書」

写真・顧問教授をしていた大学から「退職記念アルバム」がおくられる

アジアシニア大学院大学の開設

設立の動機

かつて私は、在職（私大）の夜間部に「社会人大学院大学」を設置しました。日本で初めてとあって、社会人が殺到しました。修士課程二〇人採用に対して、一五〇人余の社会人が応募してきました。結局は三〇人に増やしましたが、大学、専門学校関係の助手（当時の呼び名）が多くおりました。

その後博士後期課程も認可され、後に私は博士後期課程専攻主任に就き、博士生を指導し数人に博士号を与えました。

他方、華中科技大学外国語学部日本語学科大学院修士課程生の指導も「集中講義」方式で担当しました。同大学（学生数約四万人）

から「顧問教授」の称号が贈られました。教え子たちは、今では十数校の大学で教鞭を取っています。私の退職時には『退職記念アルバム』が贈られました。

こうした経験から、退職しすべて自由になった今、沖縄の社会人・とりわけ高齢者に対して、「学問の場」はできないものかと考えていました。そこで、私が所有する社会教育施設（ガンジュ城《グスク》アカデミー）に「シニアの大学院大学」を開校する運びになりました。余生はシニアたちとそこを学びの場・田園学舎として共に学びたいと思っています。

アジアシニア大学院大学設置の趣旨

生涯学習時代の大学教育の在り方の中に、リカレント教育という考え方が進められてきました。そのリカレント教育とはどういう意味でしょうか。

リカレントとは「回帰する、循環する」という意味で、ＯＥＣＤ（経済協力開発機構）が推進する生涯学習構想のひとつです。従来のように学校→社会（就労）という方向だけではなく、社会（就労）→学校という方向での学習を推進することです。いわゆる職業人を中心とした社会人が高度で専門的な知識や技術を習得するために、必要に応じて専門教育を受けられる〈再教育システム〉回帰・循環ということです。

リカレント教育は、いってみれば職業人としての社会人が対象ということです。シニアつまりリタイア（退職者）の高等専門教育に、このリカレント方式は適応できるのでしょうか。リカレント教育は、あくまで職業人の大学Uターン（回帰）する教育であってシニア向けの生涯教育システムではありません。

急増する退職したシニア（高齢者）の高等教育要求に対して、どのような対策が講じられているのでしょうか。現在のところ、社会教育（生涯学習）分野で高齢者の学習として、長寿大学、ことぶき大学、シニア大学校などと称して、全国のまちから村に展開されている高齢者向け教養講座が一般的です。何となく健康講座、余暇の活用と教養・レクリエーションなどが中心です。

しかし、退職したシニアの中には「自由になった今こそ、自分がこれまでいろいろ考えていたこと、したいと思っていたことを専門的にとことん探究・極めてみたい」という願望の持ち主もいると思います。このような方に対し社会教育まして大学は、それらの高齢者の高等教育要求に対してどのような高等教育の機会を提供してきたのでしょうか。急増するアクティブシニア（健康で活動的な知的高齢者）の専門的教育要求の実現の機会をどう保障していったらいいのでしょうか。例えば、

在職中にあたためておいた思いを、退職後ぜひ実現してみたい。

在職中から集めていた資料を、退職後に是非ともまとめてみたい。

退職後は、本格的に学問を自由に極めてみたい。

退職を機に、自分の人生の「自分史」をまとめてみたい。

長年つづけてきた趣味を退職後は徹底したい。

高等教育の経験はあるが、それとはまったく異なる自分の好きな分野を極めてみたい。

学歴はなくとも、生涯一つのことに専念してきたことをもっと深めたい。

高等教育の経験はないが、高等教育に挑戦してみたい。

自分の大事な一生を何か好きなことに専念したい。

このような要求を持っている高齢者に対して、シニアのわれわれが、自立し〈自己投資〉して、高齢者のための高等教育機関を立ち上げることになったのです。

知の梁山泊・ガンジュウ城《グスク》に集まろう

梁山泊とは、中国の水滸伝に出てくることばです。目的を持ったつわものどもが、志を一つに集まってきた場所、そこを称して梁山泊と呼びました。

私たちアクティブシニアは、一生の楽しい学びの場としての〈知の梁山泊〉を実現することになりました。いわゆるアジアを中心とする、シニアの大学院です。今こそ学問の自由を、世界に広げましょう。

日本国憲法第二十三条　学問の自由は、これを保障する。

学問の自由とは、個人の真理の探究を国家が圧迫・干渉したときにこれを排除することができる権利です。社会からのしがらみから解放されて、やっと本当に自由人になった今、「自分のための学問」をしようではありませんか。

キャリアを積むためにではなく、資格を取るためにでもなく、本当の自分に返って「汝自らを知る」学問をしてみたいものです。

アジアシニア大学院大学で何を学ぶのか

ズバリいって人間探求の学です。すべて社会的な仕事を終えた後は、自分にかえって、自分を見つめ、自らの人生と照らし合わせて「人間学」を学ぶことだと思います。人生、そう長くはありません。避けられない死が、忍び寄りつつあります。ときどき考えると「何のために生きてきたのだろう」とため息と不安が胸をよぎります。社会人（現役時代）であった頃、学びたくてもそうした機会がなかったシニアにとって、いまソクラテスの問いの前に、ひざまずき学ぼうではありませんか。

汝自身を知れ　古代ギリシャのアポロンの神殿の柱に刻まれたことばです。ソクラテスは、そのことばを自身の哲学活動の根底におき、探求したといわれています。そのことはまさに、現代に生きる私たちに向けられたことばだといえましょう。

沖縄学の父伊波普猷は、「汝の立つところを深く掘れ、其処に泉あり」といいました。社会のため家族のために働きづくめで、自分のことはいつも最後に回して顧みることさえままならぬ内に時は過ぎ、今、退職して自由の身になり「汝自身を知る」機会がやっと到来しました。人生のラスト、知の梁山泊で「知の喜び」を共有することもひとつの人生ではないかと思います。

シニアにとっての学問は、己自身の中において自らを進化せしめる学びだと思います。こうした学びを通して、自己発見・真の自分に出会える契機となることでしょう。

プラトン時代のアカデメイアを描いたモザイク画ウィキペディア（Wikipedia）より

プラトンのアカデメイアの跡地山内太地の世界の大学めぐり：ギリシャ旅行記より

学問のアカデミア〜ギリシャ・ローマの自由人となって

シニア世代は、経済活動から解放され自由人になったとすれば、古代ギリシャ、古代ローマのアカデミアの学びの門徒に値するでしょう。西に地中海のギリシャ・ローマの地あらば、東に太平洋・東シナ海を眺望する琉球・レキオスありで、舞台は揃っています。

万国津梁の琉球・沖縄、アジアに展開する知のネットワークは、アジア学の源郷だといえましょう。東のローマ人の、気概を持ってもいいのではないでしょうか。

シルバーのためのグローカル学修の実現を

先ごろ、インターナショナルがブームになりました。世界を巻き込んだ国際的な規模の活動のことですが、そのインターナショナル（国際主義・国際的協力、連帯）がもてはやされ、インターナショナリズム（世界主義・世界市民主義）が叫ばれ、教育も「国際化教育」「国際交流教育」が普及してきました。

今日では、グローバリゼーション（世界化）が進行して、グローバル教育とかグローバル人材育成、「グローバル時代の○○」という本も多数出てきました。世をあげてグローバリゼーションです。

私はアジア十二カ国を対象とした大型プロジェクト研究（文科省）で、それらの諸国を調査する機会があって現地に赴きました。そこでもグローバリゼーションの波は押し寄せていました。しかし一方、それぞれの国の若者はグローバリゼーションに走りすぎ、自分の足元（アイデンティティー）を忘れているという危機感も同時に持ち始めていました。愛国心、愛郷心の欠如といわれ、為政者もそれを指摘しました。自己の郷土・地域社会、ローカルに注目する動きも出てきました。

そこに登場してきたのが、グローカル化（グローカリゼーション）です。その意味するところは、世界を同時的に巻き込んでいく流れ（世界普遍化）と、地域の特性や特色を考慮していく流れ（地域限定化）ということばを組み合わせた混成語です。それは「地球規模で考えながら、自分の地域で活動する」ということです。「地域活性化」「地域創生」などは、ローカルな課題です。

ところで、沖縄という地域は今も昔もグローカルな世界でした。大交易時代の琉球王国では、アジアの交易を中心とするグローバリゼーションでした。そして、アジアの国々からもたらされた物資や文化を巧みに沖縄の島に取り込んで沖縄化（ローカル化）しました。それは「万国津梁」に象徴されています。ですから、沖縄は以前からグローカルの島だったのです。

その沖縄で、アジアのシニア大学院が誕生しても別に不思議ではありません。必然的結果です。

沖縄に立脚した遠心的グローバルと求心的グローバルの学修

大交易時代は、アジアの各地に開いて行く力・遠心的グローバル化でした。その後、移民により世界に雄飛して行った「移民によるグローバル化」です。

時代は変わって、現代ではアジアいな世界から沖縄に向かってなだれ込んでくる力・求心的グローバル化の時代です。観光客が、年間海外から約七百万人沖縄に押し寄せてきます。沖縄の中で、つまりローカルの中に国際化（グローバル化）が進行しています。別に海外へ行かなくても、海外の方々から沖縄にやってくるのです。そのことにおいて、沖縄の地域が国際化されていると同時に、沖縄という地域の独自性が同時に実現しているという、グローカル化が混然一体（チャンプルー）となった地域が沖縄だと言ってよいでしょう。

何も海外に出掛けなくても、海外から沖縄にやって来る時代です。ですから、こんな地域のグローカル学修は、独特のスタイル（タイプ）、つまり沖縄式グローカル学修といってよいでしょう。沖縄独特の方式です。

沖縄にいながら即国際化教育・学修ができるという特典です。

アジア各地からの講師陣参加制度

アジアシニア大学院大学の構想も、その路線に則って立ち上げたものです。先般、連合大学院がつくられました。数校の大学が連携組織化して大学院を合同で運営する形式の大学院であります。それぞれの大学院の持っている専門的な知的財産を出し合って、連合して大学院を設置するという構想で行われています。

しかし、わがアジアシニア大学院大学は、連合大学院の組織を使うという発想を逆転し、逆にアジアの各地の専門家集団と連携（ネットワーク化）して、アジア各地の退職教授陣で構成した大学院を企画しました。人材（教授陣）が海外のアジア地域にまたがる形の大学院大学で、アジアの各地から来て教える方式、それはわが国では初めてではないかと思います。

ローカルの人材（講師陣）は、学識経験者数名とその他は、その道の達人・名人といった職人的な人材（学歴は問わない）を起用します。シニア大学院教授は、実力評価によって選考します。一つの仕事歴何十年、一つのことに何十年と取り組んできた「地域のプロフェッショナル」つまり独学者も起用します。

独学者というのは、身一つで生きてきた人間です。自立した人間の鏡です。その独立独歩の学びの中に〈独創性〉がきらめいています。確かな個性が根づいています。このような人の「生き方は」は、私たちシニアにとって大いに啓発されるものがあります。

独学者は、それ自身が「生きた独学の書」だといっていいでしょう。人生を『人生論』という本から学ぶのではなく、生きた独学者から学ぶことこそが最高の学びだと思います。

カリキュラムの特色と大学院研究科中心課題

修士論文作成—自分の修士論文のテーマの作成が最重要課題。そのために多くの時間をさいて助言します。それに付随する関連科目は次の科目です。

修士論文指導　修士論文研究法、修士論文の書き方

専門科目　アジア文化特殊講義　アジア文化特殊演習

受講時間　原則として各週一日　九時～午後三時

一般講義　定期的な講義（専任教授による）

集中講義　海外の講師が来られた時にその講師の専門に関する集中講義を行います。

講義形式

対話方式　テーマを決めて論議する。またテーマに関する文献紹介。
パラダイムの検討　概念・視点・観点・価値観・世界観といった見方考え方の検討、発想の方法とアイデア開発　独創的修士論文作成法　野外調査・資料収集等。

講師陣

専任教授　地元の名桜大学OB教員・専門家　東洋大学アジア文化研究所出身
教授協賛　中国・華中科技大学日本語学科教授。集中講義のための客員教授は、本土関係者、韓国関係者、中国関係者、台湾関係者、インドネシア関係者その他。

設置場所　屋我地島ガンジュウ城《グスク》アカデミー内　アジアシニア大学院大学
目　　的　シニア人材の育成と高齢者のパワーの開発を目的とし、シニア・プロフェッショナル（高齢者の専門家）を養成し、もって高齢者社会のリーダーとして活躍する人材を育成します。
修業課程　二年課程
募集人員　三名
応募方法
①　面接
②　研究計画書（研究したい内容と、研究計画を具体的に記述、資料がある場合は、そ

れに関しても記入してください。字数は千二百字以内（書式は自由）で提出のみです。

応募資格

原則として学歴は問わない。シニアは学歴よりも「人生歴」を尊重し、生きている間に一つのことに徹底して極めたい志のある者を最優先する。以下の事項は該当者。

○キャリアを中心に受講できる能力のある者

○研究する資料がそろっていて、論文として仕上げたい者

○定年後にやろうと思ってあたためている者

○社会史の中の自分史について資料を使って論文として完成させたい者

○あることについてどうしてもまとめたいと思っている者

○その他

選考の方法

面接・研究計画書

ただし、本大学院で指導できる範囲に限る。

学　位

シルバー修士号（銀の修士）

シルバー修士号は学校教育法で定められた資格ではなく、アジアシニア大学院大学が発

行する修士修了資格。

シルバー修士取得のメリット

大学院の講義内容及びシルバー修士号を取得すると、修士号に準ずるシルバープロェッショナルとしての実力を発揮できます。各地域で行われている生涯学習講座の講師やその他の講演活動が可能になります。また、シニア世代のリーダーとして、指導及び適切な助言者としても力量を発揮することも可能です。

高齢者の学ぶことの意味

私は後期高齢者、七六歳（二〇一六年現在）を迎えました。自分の専攻する学問は、専門的に追究し高めてきたつもりです。そのことについては、それなりに満足していますが、この年になっていろいろ考えることもあります。自分がこれまで努力して積み上げてきた学問や人生の財産が私の頭の中に保存されています。それが、私の死と共にすべて一瞬のうちに喪失してしまうかと考えると、大きな不安にかられます。そのことは、二度の大手術の時にも頭に浮かんだことです。この年になって、誰でも考えることは、やはり自分の終末・死期ではないでしょうか。人生は一度しかないということを実感するこの頃です。

思い直して、自分の専門書以外にため込んでいた書物をあれこれとめくっていますと、学生時代に勉強した跡が、赤線でマークしているところを見つけます。若いころはこの行を重要視していたのだなと、感慨深く感じますと同時に疑問も湧いてきます。この年齢（円熟）になって、改めて若き日の赤線のマークの行の文章を見ますと、若き日の私の頭の理解度が分かります。しかし、こんなところよりも、同じページの別の行の文章がもっと重要だということを、今の私の理解力で判断しています。その行へ今の私がマーカーでマークします。私の若かりし頃の頭の未熟さを感じ取っています。

このように、同じ書を改めて今の頭脳で読み返しますと、全く新鮮な世界が見えてきますし、若いころに理解できなかった内容が、新鮮味をもって迫ってきます。そして、この年で読む読書こそ、本物の読書、本物の理解だと思っています。そんなことから、他の教養書や専門書等を読んでいるうちに、新たな感動が湧いてきました。特に人生本や哲学書は、若き日の私を悩ませた書物です。理解困難と放棄した書物が、今の私には最も貴重な書となりました。「人生いかに生きるか」は、若き日の問でした。「人生いかに生きてきたか」は、今の私の問です。

そういう目で人生論や哲学書を読みますと、意外と感動し納得することばかりです。ちんぷんかんぷんであった『ソクラテスの弁明』は、今では真意の深さを読み取れます。「対話」

に至っては、人生の生き方（姿勢・態度）について痛感します。「汝自身を知れ」という哲学的命題の意味の深さもかみしめています。若いころはその言葉を、心理学的にしか理解していませんでした。心の仕組みや心の働きや精神分析がどうのこうのという理解でした。しかし、「汝自身を知れ」こそは、君自身にとって人生とは何かという深い哲学的問いであり、人生の総決算を迫られている今の私への「魂の問い」でもあります。

このごろ人間の理解度と、年齢に合った読書の必要を痛感します。含蓄のある読書は、やはり人生を多く経験した人、中・高年者ではないかと思っています。

健康や病気に関しても、それと同様な経験をしています。若いときは、うらやましいほど健康で病気知らずでしたから、健康や病気にあまり関心はありませんでした。しかし、高齢者になると、いやがうえにも健康と病気に気を遣います。そのことに関する知識と理解は重要になってきます。その時に必要な学習もあると思います。

人生年老いてから大切なものは、やはり「生きがい」ではないでしょうか。その時の学びこそ「汝自身を知る」学びではないかと思います。そして、高齢者は身体的には老化が激しいですが、しかし精神はいたって健康です。年を取らない精神性・健康な精神には、知の力があります。知の学びによって、精神を充実させることも必要だと思っています。精神的健康は、生きがいの一つだと思うからです。

少年老い易く学成り難し、一寸の光陰軽んずべからず。

若いころさんざん聞かされ、勉強のむち打ち用格言にうるさく感じましたが、年老いた今の私には、実感として響く格言となりました。遅い感はありますが。

十二　老いては良寛さんのように

比嘉佑典

シンプルライフ・スローライフの生き方

霞み立つ長き春日を子どもらと手まりつきつつ今日も暮らしつ

よく知られた有名な歌です。手毬つきつき、子どもたちと遊んでいる良寛さんの姿が目に浮かびます。手毬歌が、のどかに聞こえてくるような思いです。

花ぬ風車《かじまや》　風《かじ》連《ち》りてぃ廻《みぐ》る
我《わ》んや友達《どうし》連《ち》れてぃ　遊《あし》ぶうれしや（琉球古民謡）

シンプルライフ・スローライフの先駆者・良寛さんは、もっとも「心豊かな」方でありましょう。ゆっくり、ゆったり、ユーモアでなにものにもとらわれず、世の中を超越した生き方は、なぜか人々を強く引き付けます。老いてはこうありたいものだと、つくづく感じているこの頃です。

遊びの研究に魅せられてついに博士号を

専攻は社会教育（生涯学習）です。詳しくは、「青少年のスポーツ・レクリエーション活動」分野の研究です。こうした関係で、子どもたちの遊びやレクリエーションの研究をするとともに、実際に地域の「子ども会活動」と「スポーツ少年団」の活動に長年かかわってきました。「子ども会活動」（星空子ども会・東京都東村山市）では、全国的に表彰を受けたこともあります。市の社会教育委員をしていたころの話です。

そんなこともあって、子どもの遊びに関心をもつようになりました。一番決定的な動機は、幼稚園教育の父フレーベルの遊戯観でした。「人生の全生活は子どもの遊びの中にその源泉がある」という一言でした。

私はそのことばに、ショックを受けました。「遊んでばかりいないで」といつも親や大人たちから怒られてばかりいましたから。大人は遊びを目の敵にしていますが、目の敵にしようと大人たちの目を盗んで遊びに夢中になったものです。くだらない遊び観念・怠け者の代名詞としての「遊び」を、全人生の源泉だといわれて、私の遊びの罪悪感は吹っ飛んでしまいました。フレーベルは、遊び大将で札付き少年の私を最高に称賛したのです。遊びの劣等感は、吹っ飛んでしまいました。そういえば、すべての人間はみんな遊んで大きくなったのですよね。今は真面目な顔をしていますけれど。

その後は迷いなく「遊びに関する教育学的研究」にまっしぐらでした。ところが、いざ研究に首を突っ込むと、遊びに関する学位論文が見つからないのです。こんなたくさんの子どもたちが、日本中で遊んでいるというのにです。困り果てて、外国文献を探し始めました。そうすると、あるわあるわ、わんさと出てきました。

あの気難しい大哲人のプラトンまでが、子どもを「遊びで育てる」と本気に主張しているのです。詩人シラー、スペンサー、ホイジンガ、ニーチェ、フレーベル、フィンクなどの遊び論研究の大家がいることを知りました。

海外での華々しい遊戯論者や、ヨーロッパでのうらやましいほどのバカンスを見るにつけ、「余暇と人間」「遊戯と人間」について本格的に研究をはじめました。日本では、子どもの遊びに関する研究論文はたくさんあるのですが、遊びの学位論文はほとんどありません。

当時私の文献調査では、生成としての遊びの観点からの『遊び論研究』（学位論文・名古屋大学）しかありませんでした。多分、私の創造性開発からの『遊び論研究』は、それに次ぐ数少ない学位論文だと思います。文科省の科研費と他の学術研究団体の二カ所から、出版助成金をいただいて、私の出費は一銭のもち出しもなく出版され世に出るようになりました。遊びのごほうびかもしれません。

遊びを研究して何が一番良かったかといえば、「自由にものを観ることができ、自由に考えることができた」ということです。遊びの真髄が「自由」だからです。遊びに夢中になっている子どもたちこそ、自由の本質をよく知っているのです。彼らの遊びは「自由の獲得」の活動です。それは深い意味があります。遊びは本質的には「自然からヒトが自由になるための自立的運動」なのです。ですから、はじめに遊びありきです。

遊び博士の「遊びが育てる創造保育研究所」の案内

テーゼ（命題）　遊びは創造性を育てる教師である

設立趣旨

約四〇年間、子どもの遊びの研究をしてきました。特に遊びに秘められた「創造性」について探求してきました。生まれ落ちた子どもの最初の行為は遊びです。遊びの中で、子どもの全ての可能性が開花します。

遊びは命の輝きです。遊びは創造の源です

これが私の遊戯観です。

遊びの意義（黄金ことば）

人間、どう生きるか、どのようにふるまい、どんな気持ちで日々を送ればいいか、本当に知っていなくてはならないことを、わたしは全部残らず幼稚園で教わった。人生の知恵は大学院という山のてっぺんにあるのではなく、日曜学校の砂場に埋っていたのである。

（全米でベストセラーとなった『人生に必要な知恵はすべて幼稚園の砂場で学んだ』の著者ロバート・フルガム）

遊戯を通じて、幼児期の人間は万物の中心点におかれる。遊戯は、幼児期の発達の、この時期の人間発達の最高段階である。遊戯は、将来の全生活の若芽の中につつまれたやわらかい子葉である。遊戯において、人間の全体が発達し、全人間のもっとも清純な素質、内面的な心があらわれてくるからである。死にいたるまでの人間の将来の全生活は、その時期にその源泉をもっている。

遊びの中で人間精神のあらゆる側面が、その知・情・意が形成される。

（幼稚園教育の父フリードリッヒ・フレーベル『人間の教育』）

遊びは、発達の源泉であり、発達の最近接領域をつくりだす。創造的場面、虚構的場面での行動、随意的企図の創造、生活のプランや意思的動機の形成など、これらすべて、遊びの中で発生し、子どもを発達の高い水準に引き上げる。子どもは本質的に遊びの活動を通して発達する。

（法学者ウシンスキー『教育的人間学』）

（心理学者ヴィコツッキー『児童心理学』）

遊ぶことそれ自体が治療である。子どもを遊べるように調整してやること自体が、直接的普遍的な適応性をもつ精神療法なのである。遊ぶことは一つの体験、しかも常に創造的体験なのであり、そして、生きることの基本的形式である時間―空間の連続体における体験である。遊ぶことにおいて、多分遊ぶことにおいてだけ、子どもも大人も自由に創造できるということである。遊ぶことがなぜ必要なのかという理由は、遊ぶことにおいてこそ患者が創造的になっていくからである。遊ぶことにおいてのみ、子どもでも大人でも、創造的になることができ、その全人格を使うことができるのである。そして、創造的である場合にのみ、自己を発見するのである。

（小児医科・精神分析医ウィニコット『遊ぶことと現実』）

私の持っている資格

遊び博士の学位論文（教育学）取得

乙論『遊びと創造性の研究―遊びの創造性理論の構築―』学術出版会（日本創造学会著作賞受賞）

中学校教諭普通免許状（沖縄県）

小学校教諭普通免許状（東京都）

幼稚園諭普通免許状（東京都）

所属学会関係の経歴

（日本教育学会・日本社会教育学会・日本教育社会学会・日本進路指導学会等）

（日本創造学会理事長）

（子どもの遊びと手の労働研究会常任委員）

（日本遊戯史学会会員）

（日本人形玩具学会運営委員）

（日本おもちゃ会議会員）
（玩具福祉学会会員）
（おもちゃ図書館研究会会員）
（日本折り紙学会顧問）
（日本コマの会会員）
（横浜人形の家専門委員）
（沖縄児童文化福祉協会理事）等を歴任。

私の執筆論文と著書

論　文

遊びの創造性に関する研究（1）東洋大学文学部紀要
遊びの創造性に関する研究（2）〃
創造的自己産出行為としての遊び論（3）〃
創造・想像・遊びの本質（4）〃
手の遊びと創造性（5）〃
創造性と遊戯性の分析と比較（6）〃

遊びと創造技法（7）〃
遊びと自己実現の創造性（8）〃
創造的想像力の研究（9）〃
ことば遊びと創造性（10）〃
ごっこ遊びと創造性―集団遊びと創造劇―『遊びと創造性の研究』
遊びのなかでしつけを考える　月刊『児童心理』
玩具と創造性　日本人形玩具学会誌
琉球玩具『日本の人形玩具』人形玩具学会
玩具と創造性の開発　日本創造学会
おきなわ野の玩具風土記　日本人形玩具学会誌
沖縄の自然と子どもの遊び　月刊『生活教育』
遊びの治癒力と創造性　日本玩具福祉学会誌
沖縄のわらべ歌と音楽教育　季刊『音楽教育研究』
遊びと創造性（シンポジウム・パネリスト）日本保育学会第六〇回大会
幼稚園教育の父「フレーベルの教育思想」（1）～（4）
（Ⅰ）基本思想（2）遊戯の思想（3）恩物の思想（4）母の歌と愛撫の歌　東洋大

学文学部紀要
手の労働と遊びにおける創造性の発達　月刊『子どもの遊びと手の労働研会誌』
子どもの遊びと創造性　月刊『子どもの遊びと手の労働研会誌』
遊びと労働の教育について　月刊『生活教育』
地域における子どもの遊びと手の労働　月刊『子どもの遊びと手の労働研会誌』
虫と遊ぶ―失われた子どもの世界野―日本人形玩具学会誌
親子でいっしょに―タケで作ろう―　月刊雑誌『家の光』
おもちゃ人形ミュージアムの課題　日本人形玩具学会誌
幼児の創造性開発の研究（1）日本創造学会
幼児の創造性開発の研究（2）日本創造学会
幼児の創造性開発の研究（3）日本創造学会

著書
『児童遊戯賛歌―子ども文化の源流―』（単著）ゆい出版
『遊びと創造性の研究―遊びの創造性理論の構築』学術出版会
『子どもに遊びと手の労働のすばらしさを―乳幼児の実践―』（共著）あすなろ書房
叢書『日本の児童遊戯』別刊（共著）クレス出版

『文化の語り部遊びの伝承者たち』（共著）ゆい出版
『子育て大変な時代』（共著）教育開発研究所
『発達と文化の教育学』（編著）大空社
『教育学入門』（共著）学苑社
『教育学講義』（共著）学苑社
その他（共著多数）

私の作品（児童文学）
「海へびと神童」（創作昔ばなし部門）第５回青い海児童文学賞受賞
「山羊と戦争」（短編児童小説部門）第５回青い海児童文学賞受賞
「とうさんの宝島」（短編児童小説部門）第６回青い海児童文学賞受賞
単著『海やからドンドン』ゆい出版

遊びが育てる創造保育講座の開設
保育者や親など一〇人ほどのミニグループ学習
場所は「ガンジュウ城《ぐすく》アカデミー」

十三　市民のためのガンジュウ城《グスク》の多目的企画

比嘉佑典

屋我地公民館出前講座の企画

地元屋我地の五つの公民館を中心とした「生涯学習・ガンジュウ学習」の出前講座について、地元の要求に合った企画を積極的に発信していきます。ガンジュウ城《ぐすく》の足元から地域の活性化を図り、地域興しに貢献してまいりたいと思います。

アジア留学生交流広場の開催

サモア独立国の青年と巻ずし作り（ガンジュウ城《グスク》）

アジアシニア大学院大学では、アジアからの留学生との交流の場を開き、老いも若きも共に文化交流を通してアジア社会を広く・深く理解する機会を持ちたいと企画しています。先ごろ（二〇一二年五月十九日）、JICA青年研修・大洋州混成研修ホームステイが行われました。サモア独立国の青年（公務員）たちでした。日本の巻きずし作りに、興味を持っていました。

程順則中国語講座の開催

中国の教員・留学生を講師に迎え「中国語」「観光中国語」などを開講して、広く市民に中国言語文化を理解してもらうと共に、「中国語弁論大会」の開催も企画中です。

日中 酒の交流・伝統語る

中国・湖北省 華中科技大で

山原島酒之会がシンポ

【名護】山原島酒之会（比嘉佑典会長）は六日、中国湖北省の華中科技大学と「琉・中酒の文化国際シンポジウム」を、同大で開催した。六人のパネリストがそれぞれで酒と文化について語った。終了後の宴会では、沖縄から持参した四十八年ものの古酒も振る舞い、親睦《しんぼく》を深めた。

シンポジウムは、東洋大学教授の比嘉会長が、華中科技大学で授業を担当している縁から実現。華中科技大学の教授や学生ら約二百人が出席。山原島酒之会からは二十九人が加わった。

比嘉会長は「琉球国・冊封使と泡盛外交文化」と題して発表。武漢大学の尚輝教授は李白と詩酒文化、謝花良政山原島酒之会顧問は古酒造り、華中科技大学の李思純教師は、中国の酒席の伝統について話した。

帰国した中村保嗣会長は「若者たちの素直さや意欲に触れ、中国への見方が変わった。古酒造りは自分おこしであり、地域おこし。やんばるを古酒の王国にしたい」と意欲を新たにしていた。

会員の島袋正敏さんは「お酒の持つ歴史と文化性を、交流を通じて理解し再認識することが大事」と話した。

また、同会が来年、名護で開催を予定している「泡盛サミット」に向けても「いい刺激になった」と語った。

酒を通じて中国と沖縄の交流の歴史を振り返り文化を考えたシンポジウム＝中国湖北省・華中科技大学

「琉・中酒の文化国際シンポ」を伝える新聞記事（沖縄タイムス、2004年10月19日）

琉・華文化交流協会の設立

私が顧問をしている、中国湖北省華中科技大学との連携による交流です。中国中央部の華中地域との文化交流を実現したいと思います。そこは私が一年間交換研究教員で滞在した地域です。琉・中といいますと、中国はあまりにも広すぎます。華中地域は内陸部の中心で、中国を理解するにはとても最適な地域です。三国志の舞台だったところです。大学の友人が多くおりますので、地域間協定にして、具体的な交流を深めたいと思っています。

二〇〇四年に、山原島酒之会は、十月六日「日（琉球）・中酒の文化国際シンポジウム」を湖北省・華中科技大学で開催しました。沖縄から二九名の参加で、盛大に開催されました。このシンポジウムも、琉・華文化協会設立の動機の一つです。

また、二〇〇五年の共同研究結果は一冊の本として、華中科技大学出版社から出版（二〇〇七年）されました。こうした経過を通して、今後とも両者の文化交流を深めていきたいと思います。

華中科技大学教員・大学院生との共同研究（前列左から３人目が筆者）

研究成果の刊行（華中科技大学出版社）

古代中国の文化と思想講座の開設

中国遊仙文化（仙人の思想）講座・桃源郷講座
老荘思想講座
中国の酒詩話講座
中国の長命思想・道教講座

専任講師個別の専門特殊講座の開設

ガンジュウ城アカデミーの専任講師は、それぞれが専門家です。個々人が専門の講座を開講して、その専門性を深く理解する特殊講座も企画しています。

ガンジュウ城《グスク》茶話会の開催

学頭（グスク主宰）を囲んで、年に数回の茶話会を開きたいと思います。テーマは自由、「茶分話《ちゃわきばなし》」に花を咲かせる和やかな会にしたいと思います。

ガンジュウ城アカデミー事務局

海洋シニア移動大学　アジアシニア大学院大学
遊びが育てる創造保育研究所
住所　名護市字屋我一三三ー一
電話　〇九八〇ー五二ー八三二三
（電話の受け付けは火曜日・水曜日の午前一〇時～午後三時までです）

※当アカデミーは自前のボランティア教育組織であり、主にフェイス・ツ・フェイスの対話による学びなので、ホームページの一般公開やEメール等の連絡は原則として行っておりません。

おわりに

ゆいまーる共同体の中で平和に暮らすことが長寿の秘訣

うる覚え（正しい歌詞ではない）でありますが、中学時代、宮古出身の作曲家金井キク子先生の歌を自分なりによく唄ったものです。

……武器なき邦が東方に　在りしと聞きて驚きて　流謫《るたく》の道を君知るや　ひも解く歴史高貴あり　平和の民のわがうるま　平和の民のわがうるま

太平洋に首だけぽつんと出して浮いている島・沖縄、この島ほど世界の歴史の舞台で翻弄された島はないでしょう。かつて万国津梁の鐘を鳴らし、四海より異産至宝を集め太平洋上に、謳歌・爛漫・幸豊《さちゆた》かなる琉球王朝の栄華を築きあげました。そして長寿の蓬莱仙境をつくり上げ、「長者ぬ大主《うふぬし》」をいただき神々と共に平和に暮らしてきました。

この島に今もなお「鉄の暴風」が吹き荒れています。幾千万年の歴史の中で平和の民の戦いは今なお続いています。人道主義・ヒューマニズムは、この島から滲み出て四海へと広がりつつあります。平和を取り戻さなければ、長寿なんてありません。

健康科学の発達は、大きな成果を上げてきていますが、健康問題をそうした専門科学に委ねる傾向に変化してきています。生活の細部にわたり健康・医療・介護が専門分化してきています。それは専門性の上から歓迎すべきことです。

しかし他方、そのことによって住民の健康観もこうした医学的健康に傾いてきています。こうした健康科学を身につけることは最も重要ですが、私たちが指摘したいのは、そのことのみにとらわれて、肝心の健康文化・健康なコミュニティー、生活の中の「養生思想」を忘れてしまっては、せっかくの健康医学が生かされていないのではないかという気がかりです。「生命文化」「長命文化」「長命思想・命《ぬち》どぅ宝」「長命の歴史的遺産」を今一度考慮していいのではないかと痛感しています。島のいたるところに密集するウタキ（御嶽）が、何を願うことにあったのかを、ガンジュウ思想の観点から、今一度見直す必要があるのではないでしょうか。

生命文化の新長寿主義を

新長寿主義とは何でしょうか。それは、みんなが仲良く平和で末永く生きる思想です。学問ではありません。理想的なコミュニティー論です。コミュニティーから健康を考える視点です。本書は一貫して、そうした観点から健康問題を考えてきました。健康になるためには、集団力学的健康法を力説してきました。では、グループ・ダイナミックス健康療法の「健康」そのものをどのようにとらえたらいいのでしょうか。

手っ取り早いのは、WHO憲章で規定している健康概念です。

「健康とは身体的・精神的・社会的に完全に良好な状態であり、たんに病気あるいは虚弱でないことではない。」ということです。

そうしますと、健康は個人の身体的・精神的な観点と個人を取り巻く社会的な観点も合わせてとらえることであり、たんに病気や虚弱といった概念ではないということが分かります。従来から、健康はなんとなく個々の身体的・精神的な健康としてとらえられてきましたが、社会的な観点も含めますと、社会的健康論も健康概念の重要な要素となります。その社会的観点から「健康」を考えてみますと、私たちの集団（社会）的健康論が浮上してきます。今日の健康もからめた長寿論は、むしろグループ・ダイナミックスという社会心理学的健康論を展開する必要があります。

さらに、先に本著でふれた「霊力の問題」（祈りも含めて）も健康にとって大切な概念になってくると思います。その点WHOは、一九九八年に健康について新しい定義を行っております。

「健康とは身体的・精神的・霊的・社会的に完全に良好な動的状態であり、たんに病気あるいは虚弱でないことではない。」ということです。（まだ承認されていませんが）

この霊的というのは「スピリチュアル」のことです。それは「精神の、霊的な」という意味ですが、健康はそのことにも言及しています。健康は人間と社会だけの問題だけではなく、霊的なものも包含した包括的概念になってきたということです。霊的ということばに疑義をとなえる意見もありますが、自然の治癒力ということも含めて重要な指摘です。長寿の島の霊力《セジ》の持つ意味も検討の対象になってくるからです。

さらに、動的状態（ダイナミックス）を入れたのは、私たちの意見と同様な観点だと思っています。健康という包括的概念は、力動性（ダイナミック）を当然必要とします。静止していた機械にエンジンがかかって動き出した状態を連想すれば、健康概念の力動性はより的確な定義だと考えます。その意味で、私たちが持ち出したグループ・ダイナミックスは、そのことを強調してきました。

私たちはまた、健康を文化の問題としてとらえることも重視してきました。そのことは、沖縄の伝統文化の中に、芸術性と別に「健康文化」が存在しているからです。とりわけ民俗学領域の民俗文化の中には、健康祈願と五穀豊穣を讃える文化（祭り）があるからです。

健康概念を文化の問題にまで広げて考えましたが、それらの包括的概念を背景とした長寿論を展開するとなると、新たな長寿論が生まれてきます。それを新長寿主義健康論として展開すると、沖縄の長寿モデルがある程度普遍概念化できるのではないかと考えます。

他県が近年に一位になったからといっても、健康長寿の歴史的遺産として、世界健康長寿無形遺産的価値があるかといえば疑問が残ります。そうした歴史的業績も評価すれば、沖縄の長寿モデルは世界に向けて発信可能でありましょう。

ウチナー長寿スピリットの意識革命を

個性の尊重、個人の尊厳、個性主義は、その人そのものを尊ぶ（人権）意味で大変重要な思想です。民主主義です。

しかし、健康に関してはどうでしょうか。健康問題はすべて個人の問題、個人の義務、個人の責任ということが通念になっています。それはそれでいいのですが、その考えで行きますと、老後の人生も自分持ち、生活不活発病も自分持ち、高齢者の健康管理も自分持ちということになります。

しかし、あまり個人のせいにすると「自分勝手」になる可能性があります。いくら注意されても、あなたの責任だと、命取りになると脅しても、「どうせ俺なんかは」と考えている人たちにとっては、どうでもいいという「責任放棄」につながります。

自己責任といっても、それは最も難しいことです。「ほとんど自分に負けている」からです。それほど個人的努力は当てにならないことは、ダイエット、食事療法、運動の継続に挑戦し、あきらめる人が多いのを見ても分かります。生活習慣病の多さがそのことを物語っています。「人は自分を甘やかす天才」だともいえます。「世の中どうでもいいさ」そういう意識の人に、長寿の大切さを説いても効果はありません。

健康問題、とりわけ長寿問題は、健康長寿に対する「歴史認識」が重要です。ご先祖様から継承したこの命は、沖縄の祖先以来の「生命の動脈」です。現代のわれわれは、その命の動脈を引き継いで社会の先端に先祖を代表して「今を生きている」のです。有史以来の血脈、現代流ではDNAです。それは別の言葉でいえば「アイデンティティー」（自己同一性・主体性）です。歴史的にはウヤファフジ（先祖）との自己同一性です。その主体性において「先祖をマンガタミー」（まるごと背負っている）している存在です。

そうなりますと、自分だけのことではありません。個人の責任の主体性（アイデンティティー）は、沖縄の歴史を背負った主体性です。

そのことから、われわれは先祖に対しても、自分自身に対しても、また未来に対しても責任の一端を担って生きています。長寿を継承したわれわれが長寿を全うして、未来に（子や孫たちに）伝承していく「責務」があります。

その点で、長寿の歴史認識に立った時、シニア世代が歴史を背負って立つ自覚・ウチナー長寿スピリットの意識革命が重要です。新長寿主義に基づく、ウチナー長寿魂の思想を持つことが大切です。思想（理念）が人を動かし、成長させ、ゆるぎない精神を涵養するからです。ウチナーンチュの誇りに立てば、長寿問題はご先祖様も含めた島全体のスピリットとなるでしょう。

もうひとつの平和運動を

先に述べたように、長寿は豊かな平和の国土から生まれます。みんなで仲良く平和に生きてきたからこそ、世界一の長寿の島になったのです。健康の定義が「健康な社会状態」とうたわれることは、平和な社会こそ健康にとって重要だということです。平和で安定した社会なしに健康長寿はあり得ません。

その意味でも、沖縄の長寿日本一復活の活動はいってみれば、ひとつの平和運動だととらえていいでしょう。

シニアが、長寿を取り戻すことは平和を取り戻すことというスローガンを掲げ、ウチナー長寿スピリットの理念をバックボーンとしてアクションを起こした時に、健康長寿の島の実現は可能になることでしょう。

遊《あし》び庭《な》や　でぃかしなむん
御万人《うまんちゅ》うち揃《する》ってぃ
手拍子合わちょてぃ　ヒヤミカセー
みるく世果報《ゆがふう》　まにちゅんどー

民謡「遊《あし》び庭《な》」

なお本著の出版に当たり、「海洋シニア移動大学歌」を作詞していただきました吉川安一名桜大学名誉教授に感謝すると共に、出版に際し、琉球プロジェクトの中村渠理氏と新星出版編集部の城間毅氏にお世話になりました。ここに感謝の意を表します。

参考文献

宮里好一・比嘉佑典共著『タピック新医療革命』ゆい出版　二〇一五年
ノーマン・カズンズ（松田銑訳）『笑いと治癒力』岩波書店　二〇〇八年
杉万俊夫『グループ・ダイナミックス入門』世界思想社　二〇一三年
比嘉佑典『遊びと創造性の研究』学術出版会　二〇〇九年
川喜田二郎『創造性とは何か』祥伝社新書　二〇一〇年
高橋誠編著『新編・創造力事典』日科技連　二〇〇二年
サリー・ラズベリー他共著『創造力の扉』実務教育出版　一九九七年
比嘉佑典『沖縄チャンプルー文化創造論』ゆい出版　二〇〇三年
近藤　裕『なぜかやる気はあるのに行動できない人へ』海竜社　二〇〇六年
高橋宣行『発想法ノート』日本実業出版社　二〇一四年
沖縄児童文化福祉協会編『文化の語り部 遊びの伝承者たち』ゆい出版二〇一四年
町田洋次『社会起業家』ＰＨＰ新書　二〇〇七年
山崎　亮『コミュニティデザインの時代』中公新書　二〇一二年
備瀬善勝・松田一利編集『改訂版・沖縄の歌』有限会社キャンパス　二〇一四年
その他の文献・資料・新聞記事等については、文中で出典を付記している。

［付録］

その他のシニア向け年間カリキュラムの事例集

各市町村との連携カリキュラムの例

村との連携カリキュラムを考えてみました。そのカリキュラムは地域の生活環境・歴と文化と伝統を取り入れたもので、その他の地域（市町村）でも、開講する場合の参考事例になりますのでここに掲載しました。

平成○年度　屋我地公民館大学校・年間カリキュラム一覧　(案)(比嘉佑典オリジナル)

月	日	曜日	午前(10:30〜12:00)(講義中心)	午後(13:30〜15:00)(主に自由研究・倶楽部活動)
		火		入学式（生涯現役宣言）主宰者
		火	アクティブシニアが学ぶことの意味	ホームルーム　事務局
		火	ホームルーム（各委員選出）	海・癒しと心の健康管理
5月		火	マリンレジャについて(屋我地ビーチ)	ビーチ・レクリエーション
		火	名桜大学健康朝市ユンタク講座	ゼミ研究・倶楽部活動（自由）
		火	特別活動　マリンスポーツ球技大会（屋我地ビーチ）	
		火	海洋文化史	海の生物—珊瑚
6月		火	遊びと笑いの医学	ゼミ研究・倶楽部活動（自由）
		火	海と文学（老人と海）	ゼミ研究・倶楽部活動（自由）
		火	大航海史	海人交流会（屋我地・羽地漁業組合）
		火	特別活動　世界遺産今帰仁城見学実習	航海安全祈願と民俗誌（今帰仁歴史文化センター）
7月		火	海難事故と救急法実演（名護市消防署）	倶楽部活動
		火	海の食生活・海の栄養学	ゼミ研究・倶楽部活動（自由）
		火	スポーツとリハビリテーション	ゼミ研究・倶楽部活動（自由）
		火	特別活動　屋我地の塩田・塩田の起源	塩田実習体験学修（我部の塩田）
8月		火	夏休み・おじい・おばあと孫たちの手習い教室（伝承おもちゃを孫たちと作ろう）(予定・ひるぎ学園)	
		火	海神祭りとハーリー（シニアと子どもたちとのいかだ遊び）(予定・ひるぎ学園)	
		火	夏休み・おじい・おばあと孫たちの手習い教室（予定・ひるぎ学園児童その他）	
		火	フラ‐ダンス講習会（屋我地ビーチ）	シシ鍋会（シニア・シンメー鍋ごちそう会）
9月		火	世界の海賊たち	ゼミ研究・倶楽部活動（自由）
		火	水泳と健康法	海洋療法とリハビリテーション
		火	夏休み　　休講	夏休み　　休講
		火	夏休み　　休講	夏休み　　休講
10月		火	名桜大学健康長寿体操	あなたの健康チェック
		火	老人看護・介護	屋我地の移民を語る
		火	沖縄の海外移民—南米	沖縄の海外移民—ハワイ編
		火	特別活動 他シマのシニアたちとの交流の旅	他シマのシニアとの交流懇親会
11月		火	島宇宙伝説とニライカナイ（屋我マリンタワー）	ゼミ研究・倶楽部活動
		火	屋我地の古代遺跡群	ゼミ研究・倶楽部活動
		火	中国留学生との交流会　中国留学生グループ	ゼミ研究・倶楽部活動（自由）
			海浜環境美化活動　ＥＭ団子作戦 ＥＭ研究機構（ビーチ）	ビーチの清掃（ビーチ）
12月		火	海浜環境美化活動　ＥＭ団子作戦 ＥＭ研究機構（ビーチ）	浜うり・毛《もー》あそび（ビーチ）
		火	中国語 ABC　留学生グループ	ゼミ研究・倶楽部活動
		火	シニアのボランティア活動の在り方（沖縄児童文化福祉協会）	ゼミ研究・倶楽部活動（自由）
		火	シニア＆ヤング交流会 名桜大学人間健康学部学生	クリスマス会・レクリエーション
		火	冬休み　　休講	冬休み　　休講
1月		火	新年会（舞踊）	研究発表会準備
		火	研究成果発表（自由研究）合同討論会	研究成果発表（自由研究）合同討論会
		火	小集団で学ぶ「シニア・ガンジュウ倶楽部」をつくろう。その作り方、展開の仕方を学ぼう	
		火	文化祭の準備	
2月			海洋文化祭と学習発表会（未定　　）	午後：かたづけ
			特別記念講演	年間学修活動のビデオドキュメンタリー鑑賞会
			卒業記念植樹	
			卒業式　　事務局	懇親会

幻に終わった「名桜大学長寿大学校年間カリキュラムの事例」

このプログラムも、諸般の事情で実現できませんでした。前理事長であった私が、カリキュラム（比嘉オリジナル）を作成しましたので参考までに掲載しました。

仮称・名桜大学長寿大学校の年間カリキュラム一覧（比嘉佑典オリジナル）

教養課程

専門課程　三学科

名桜大学長寿大学校一般教養課程案

（比嘉佑典オリジナル）

【学習目標】

高齢期における新たな生活・生きがい・知識などの一般的な教養を身につけるとともに、地域社会を支える担い手としての心構えを学ぶ。

分野		学習領域	内容	講師
一般教養課程	郷土の歴史と文化	沖縄の歴史入門 ～郷土の歴史を知ろう～	わが郷土の歴史を振り返り沖縄の心を学ぶ。	
		沖縄の伝承文化 ～足元の文化から～	歌と踊りと三味線、民芸、工芸から、沖縄の美を学ぶ。	
		地域活動入門 ～活動の第一歩～	住民の自主的な活動と行政のサービスを知るとともに、地域課題について学ぶ。	
	社会貢献・地域づくり	ボランティア活動	ボランティアなどの社会活動を知り、自分に合った社会貢献活動と地域づくりに参加する。	
		老人クラブ及び 同窓会活動	高齢者の生きがいと健康づくりを目的とした「老人クラブ」活動や「名桜長寿大学校同窓会」活動について学ぶ。	
		現代の家族とくらし	社会の家族状況が大きく変化する中で、わが国の家族変動を見つめ直し、これからの家族のあり方を考える。	
	現代社会・生活・環境	シニアライフを有意義に 過ごすために	シニアライフを有意義にすごすために、自分の健康や生きがいについて考える機会にする。	
		高齢者の生活設計	貯蓄・財産運用に関する一般的知識を学び、年金、保険、相続などのライフプランについて学ぶ。	
		スポーツ・レクリエーション	スポーツ・レクリエーションから心身の健康づくりを学ぶ。	
	健康増進	はじめよう介護予防 ～救急処置・転倒予防～	高齢期の健康を守るために様々な視点から学び、生活機能の維持・向上を図る。	

専門課程（環境生活文化学科）案　（比嘉佑典オリジナル）

【学習目標】

地域の環境問題と生活文化について学び、環境保全へのはたらきかけや身近な生活環境、文化生活の改善に寄与することを学ぶ。

分野		学習領域	内容	講師
専門課程	環境系	山原の自然環境	人々の生活に息づくやんばるの自然環境について学び、問題と課題について理解を深める。	
		山原の自然保護	やんばるの自然・動植物等の自然保護や自然保護活動について学ぶ。	
		エコツーリズムと地域振興	地域住民によるエコツーリズムの取り組み事例から地域振興の在り方を学ぶ。	
		リサイクル・エコ	環境にやさしいモノづくりを通して物の大事さとその普及について学ぶ。	
		環境の浄化と EM	環境の汚染に関する問題状況と、EM による環境浄化方法を学び、環境浄化に努力する。	
	生活系	高齢期の食事	高齢期に必要な食事について、食生活の改善法を具体的に学ぶ。	
		長寿食の調理	身近な食材を使った、健康長寿食の作り方、美味しく食べて健康づくり。	
		消費者問題	消費者トラブルの現状及び法律を学びその解決方法について学ぶ。	
		生活浄化と EM	EM によるゴミ処理、生活排水処理、臭気処理、EM 石鹸づくり、花卉園芸の手入れなどを通し生活環境を改善する。	
		古酒泡盛の作り方（酒は百薬の長）	沖縄独特の泡盛の歴史と泡盛の古酒づくりについて学び、泡盛文化について理解を深める。	
	校外学習	環境美化活動	EM 団子作戦。汚染した河川地帯の環境浄化活動。ボランティア団体による環境美化活動に学ぶ。	
		自然保護施設見学	ヤンバルクイナ、ノグチゲラ等の保護、植物の自然保護施設等を見学し理解を深める。	
		ごみ施設見学	ごみの収集、処理の方法を見学し、正しいごみの捨て方、リサイクルに関する実践方法を学ぶ。	

専門課程（歴史文化学科）案

（比嘉佑典オリジナル）

【学習目標】

沖縄の歴史、文化、自然を学ぶことを通して郷土の魅力を再発見して、その成果を地域での活動に活かす力を養う。また、実際の郷土の歴史・文化の現場に参加し体験することによって、郷土の歴史と文化を通した地域づくり、地域課題に貢献する力を養う。

分野		学習領域	内　容	講　師
専門課程	歴史・文化系	沖縄の歴史	北山文化圏を中心に、沖縄の歴史を学ぶ。	
		沖縄の伝承文化①（民話・読み聞かせ）	民話や絵本の読み聞かせに必要な知識・技法を学び子どもの育成支援に役立てる。	
		沖縄の伝承文化②（わらべうた）	郷土のわらべうたを通じて子どもの文化を学び、次世代に継承していく力を養う。	
		沖縄の伝承文化③（なつかし草玩具）	子どものころアダン葉で作った風車、いろいろな草玩具の作り方を習得して、それを子どもたちに伝えていこう。	
		沖縄の伝承文化④（しまくとば）	沖縄の方言を学び、しまくとば言語文化のよさについて子どもたちにも伝えていこう。	
		沖縄の伝統文化⑤（唄と三線と踊り）	島唄、三線、琉球舞踊などの芸能について、学び・習得して楽しい生きがいをみつける。	
	地域・環境系	地域活動とボランティア	地域の課題についていろいろ考え、市民参加による地域づくりと、ボランティア活動の取り組みについて学ぶ。	
		地域子ども会（児童館）	青少年健全育成のための子ども会活動について学び、地域での子育て支援について実践的に学ぶ。	
		山原の自然	やんばるの豊かな自然について学び、自然保護と動物愛護の大切さを学ぶ。	
	校外学習等	山原の世界遺産を訪ねて	今帰仁グスクを中心に、やんばるの歴史遺産を学び今後の活動に繋げる。	
		保育園・児童館現場体験	保育園、児童館で子どもたちに民話読み聞かせ、わらべうた、草玩具、しまくとばを実践する。	
		浜うり毛あしび	三味線をもって、白浜で毛あしびできらさな、レクリエーションを楽しもう。	

専門課程（健幸長寿学科）案　（比嘉佑典オリジナル）

【学習目標】

高齢者における健康問題、幸福な生活、スポーツ・レクリエーションを学び、健康で幸福な長寿を全うする為の、スポーツ・レクリエーション等の企画・運営・指導法を学び、地域の団体活動に役立てる力量を養成する。

分野		学習領域	内　容	講　師
専門課程	健康・スポーツ系	健康とスポーツ	年齢とともに低下する体力、筋力。体力測定により自分の健康法見つける。適度な運動で健康を維持する。	
		健康長寿体操	簡単な筋力トレーニング、体をほぐす体操などにより、健康な体力づくりに結びつく運動方法を学ぶ。	
		生活習慣病	生活習慣病について、医学の立場から専門的な知識を学び、健康自己管理に活かす。	
		救急法・ＡＥＤ取扱い講習	救命救急に必要な知識や対処法を学び実際に体験習得する。	
	福祉・レクリエーション系	レクリエーション	レクリエーションについて、福祉の立場から実技を通してレクリエーションの企画から指導法までを学ぶ。	
		モダンダンス	社交ダンスを踊ってみよう。モダンダンスの楽しみ方を学ぼう。	
		笑いの健康医学	笑いは百薬の長、こころの精神衛生の方法を学び、幸福な生活を実現しよう。	
		福祉サービス	各種福祉サービスの実際について学び、利用者の立場から福祉サービスの在り方を検討しよう。	
		長寿の美食	健康は食事から、県産食材の活用、調理法などを学び、美味しい料理の達人になろう。	
		介護①②③（介護のいろいろ）	介護保険制度や介護方法を座学と実技を通して学ぶ。	
	校外学習	福祉現場体験	ボランティアを受け入れている福祉施設・団体等において実際の活動を見学し、福祉活動の内容を理解する。	
		老人クラブ交流会	離島などを訪問し、離島の老人クラブと親睦・交流を深める。	

名桜大学長寿大学校カリキュラム(○曜コース：環境生活文化学科)案（比嘉オリジナル）

月	日	曜日	午前（10:30～12:00まで）		午後（13:30～15:00まで）
4月					入学式
			ホームルーム	（　　教室）　事務局	ホームルーム（　教室）事務局
			特別講座「生涯現役」	（　　教室）	ホームルーム（各学科単位）
5月			山原の自然環境	（　　教室）	山原の水資源（　　教室）
			山原の自然保護	（　　教室）	クラブ活動
			スポーツ・レクリエーション～高齢者向け体力測定～　（体育館）		
			特別講座「沖縄の歴史」	（　　教室）	図書館活用の実際　図書館員
6月			ホームルーム　（役員選出）	各教室　事務局	クラブ活動
			高齢期の食事	（　　教室）	長寿食の調理（　　教室）
			消費者問題	（　　教室）	クラブ活動
			特別講座「沖縄の冠婚葬祭」	（　　教室）	クラブ活動
7月			エコツーリズムと地域振興	（　　教室）	リサイクルエコ（　　教室）
			ボランティア活動	（　　教室）	クラブ活動
			環境の浄化とＥＭ	（　　教室） ＥＭ研究機構	クラブ活動
			特別講座「くらしの法律」	（　　教室）	クラブ活動
8月			現代の家族とくらし	（　　教室）	クラブ活動
			自然保護施設見学	（実習見学）	
			シニアライフの過ごし方	（　　教室）	クラブ活動
			特別講座「こころの健康管理」	（　　教室）	クラブ活動
9月			救急法・ＡＥＤ取扱いについて　（体育館）　名護市消防本部		
			生活浄化とＥＭ　　ＥＭホカシ、ＥＭ団子、ＥＭ石鹸作り方　　ＥＭ研究機構		
			夏休み	休講	夏休み
			特別講座「介護予防」	（体育館）	クラブ活動
10月			スポーツ・レクリエーション	（体育館）	クラブ活動
			古酒の作り方	（　　教室）	酒造見学
			笑いの医学	（　　教室）	クラブ活動
			特別講座「老若男女交流会」	（体育館）学部学生グループ	
11月			球技を楽しむ	（体育館）	クラブ活動
			第１回名桜長寿大学校大運動会（　　　　　）		
			環境美化活動　　ＥＭ団子作戦　　（環境浄化活動）　ＥＭ研究機構		
			特別講座「お忍び講座」	（学部の講義棟）	学部の講義参観
12月			ごみ施設見学		
			特別講座：人形劇を楽しもう　　人形劇団「かじまやー」（体育館）		
			クリスマス会（コーラスとレクリエーション）		
			冬休み	休講	冬休み　　休講
1月			冬休み	休講	冬休み　　休講
			スポーツ・レクリエーション～高齢者向け体力測定～　（体育館）		
			地域活動に向けて	（　　教室）	クラブ活動
			特別講座「山原の大自然」	（　　教室）	クラブ活動
2月			学習発表会（午前：準備　午後：発表）　（体育館）		
			学習発表会（午前中）　特別講座「沖縄の文化について」（　　教室）		
			休講		休講
					卒業式（体育館）事務局

名桜大学長寿大学校カリキュラム（○曜コース：歴史文化学科）案（比嘉佑典オリジナル）

月	日	曜日	午前（10:30 〜 12:00 まで）		午後（13:30 〜 15:00 まで）
4月					入学式
			ホームルーム	（　　教室）　事務局	ホームルーム（　　教室）事務局
			特別講座「生涯現役」	（　　教室）	ホームルーム（各学科単位）
5月			沖縄の歴史（山原）	（　　教室）	沖縄の世界遺産（　　教室）
			沖縄の伝承文化（民話・読み聞かせ）（　　教室）		クラブ活動
			スポーツ・レクリエーション〜高齢者向け体力測定〜　（体育館）		
			特別講座「沖縄の歴史」	（　　教室）	図書館活用の実際　図書館員
6月			ホームルーム　（役員選出）	各教室　事務局	クラブ活動
			沖縄の伝承文化（わらべうた）	（　　教室）	長寿食の調理（　　教室）
			沖縄の伝承文化（草玩具）	（　　教室）	（草玩具館長）
			特別講座「沖縄の冠婚葬祭」	（　　教室）	クラブ活動
7月			沖縄の伝承文化（しまくとば）	（　　教室）	紙芝居づくり（　　教室）
			ボランティア活動	（　　教室）	クラブ活動
			沖縄の民芸・工芸文化	（　　教室）	
			特別講座「くらしの法律」	（　　教室）	クラブ活動
8月			地域子ども会活動	（　　教室）	クラブ活動
			陶芸・焼き物見学		クラブ活動
			シニアライフの過ごし方	（　　教室）	クラブ活動
			特別講座「こころの健康管理」	（　　教室）	クラブ活動
9月			救急法・ＡＥＤ取扱いについて　（体育館）　名護市消防本部		
			保育園・児童館現場体験		
			夏休み	休講	夏休み　　休講
			特別講座「介護予防」	（体育館）	クラブ活動
10月			スポーツ・レクリエーション	（体育館）	クラブ活動
			沖縄の伝承文化（唄と三線と踊り）（体育館）		クラブ活動
			山原の世界遺産を訪ねて　（今帰仁城跡見学）		
			特別講座「老若男女交流会」（体育館）学部学生グループ		
11月			山原の自然地理	（　　教室）	クラブ活動
			第１回名桜長寿大学校大運動会（　　　　）		
			浜うり毛遊び		
			特別講座「お忍び講座」（学部の講義棟）学部の講義参観		クラブ活動
12月			沖縄の歴史人物史	（　　教室）	クラブ活動
			特別講座：人形劇を楽しもう　人形劇団「かじまゃー」（体育館）クラブ活動		
			クリスマス会（コーラスとレクリエーション）		
			冬休み	休講	冬休み　　休講
1月			冬休み	休講	冬休み　　休講
			スポーツ・レクリエーション〜高齢者向け体力測定〜　（体育館）		
			地域活動に向けて	（　　教室）事務局	クラブ活動
			特別講座「山原の大自然」	（　　教室）	クラブ活動
2月			学習発表会（午前：準備　午後：発表）　（体育館）		
			学習発表会（午前中）　特別講座「沖縄の文化について（　　教室）		
			休講		休講
					卒業式（体育館）事務局

名桜大学長寿大学校カリキュラム（○曜コース：健幸長寿学科）案（比嘉佑典オリジナル）

月	日	曜日	午前（10:30 ～ 12:00 まで）		午後（13:30 ～ 15:00 まで）
4月					入学式
			ホームルーム	（　教室）事務局	ホームルーム（　教室）事務局
			特別講座「生涯現役」	（　教室）	ホームルーム（各学科単位）
5月			健康とスポーツ	（　教室）	朝晩の健康チェック（　教室）
			生活習慣病	（　教室）	クラブ活動
			スポーツ・レクリエーション～高齢者向け体力測定～　（体育館）		
			特別講座「沖縄の歴史」	（　教室）	図書館活用の実際　図書館員
6月			ホームルーム（役員選出）	各教室　事務局	クラブ活動
			介護実習①		介護実習②
			長寿の美食①		長寿の美食②
			特別講座「沖縄の冠婚葬祭」	（　教室）	クラブ活動
7月			レクリエーション	（体育館）	モダンダンス（体育館）
			ボランティア活動	（　教室）	クラブ活動
			福祉サービス		クラブ活動
			特別講座「くらしの法律」	（　教室）	クラブ活動
8月			健康長寿体操①		クラブ活動
			モダンダンス	（体育館）	クラブ活動
			シニアライフの過ごし方	（　教室）	クラブ活動
			特別講座「こころの健康管理」	（　教室）	クラブ活動
9月			救急法・ＡＥＤ取扱いについて（体育館）名護市消防本部		
			高齢者の生活設計	（　教室）	クラブ活動
			夏休み	休講	夏休み　休講
			特別講座「介護予防」	（体育館）	クラブ活動
10月			健康長寿体操②	（　教室）	クラブ活動
			館内スポーツを楽しむ	（体育館）	クラブ活動
			笑いの健康医学	（　教室）	クラブ活動
			特別講座「老若男女交流会」（体育館）学部学生グループ		
11月			球技を楽しむ	（体育館）	クラブ活動
			第１回名桜長寿大学校大運動会（　）		
			老人クラブ交流会（離島の老人会との交流）船旅		
			特別講座「お忍び講座」（学部の講義棟）学部の講義参観		クラブ活動
12月			沖縄の歴史人物史	（　教室）	クラブ活動
			特別講座：人形劇を楽しもう　人形劇団「かじまゃー」（体育館）クラブ活動		
			クリスマス会（コーラスとレクリエーション）		
			冬休み	休講	冬休み　休講
1月			冬休み	休講	冬休み　休講
			スポーツ・レクリエーション～高齢者向け体力測定～　（体育館）		
			地域活動に向けて	（　教室）事務局	クラブ活動
			特別講座「山原の大自然」	（　教室）	クラブ活動
2月			学習発表会（午前：準備　午後：発表）　（体育館）		
			学習発表会（午前中）	特別講座「沖縄の文化について（　教室）	
			休講		休講
					卒業式（体育館）事務局

著者紹介

比嘉佑典（ひが　ゆうてん）学術博士（教育学）
一九四〇年　沖縄県名護市屋我地に生まれる。今帰仁小・中学校を経て北部農林高等学校卒。
琉球大学（教育学部）、東洋大学（文学部）卒業、東洋大学大学院社会学研究課程中退
現　在　東洋大学名誉教授　日本創造学会名誉学会長　華中科技大学顧問教授
　　ガンジュウ城《グスク》アカデミー学頭

経歴
東洋大学アジア文化研究所所長
東洋大学アジア地域研究センター長（私立大学学術研究高度化推進事業・学術フロンティア拠点形成　研究代表）
東洋大学大学院文学研究科教育学専攻博士後期課程専攻主任
公立大学法人名桜大学理事長　医療法人・タピックグループ顧問

著書
（単著）
『創造性開発の心理と教育』学苑社
『沖縄の婦人会―その歴史と展開―』ひるぎ社
『海やからドンドン』ゆい出版
『沖縄チャンプルー文化創造論』
『ゆいまーる福祉リゾート革命―公共企業の原理―』ゆい出版

『児童遊戯賛歌—子ども文化の源流—』ゆい出版
『遊びと創造性の研究—遊びの創造性理論の構築—』学術出版会
『教育の原像・育ちのエコロジー』遊びと創造の森図書館刊
（共著）
比嘉佑典・島袋勉共著『教育学基礎講義』学苑社
比嘉佑典編著『発達と文化の教育が』大空社
比嘉佑典主編『日中合弁企業文化意識の調査研究』華中科技大学出版社
比嘉佑典編著『地域の再生と観光文化』ゆい出版（編著者代表）
宮里好一・比嘉佑典共著『タピックの新医療革命』ゆい出版
その他共著・論文多数

宮里好一（みやざと よしかず）医学博士
一九五四年 沖縄県に生まれる。地元の高原小学、美東中学、コザ高校を卒業。岡山大学医学部卒業。香川県立中央病院神経内科、香川医科大学文部教官、国立療養所青松園付属准看護学校講師。琉球大学医学部講師、国立療養所愛楽園・附属准看護学校講師、琉球大医学部総医局長等を歴任。
現 在 タピックグループ代表
兼務職・資格
名桜大学経営審議委員、名護市役所産業医、琉球・アジア・太平洋医学交流協会理事（琉大医学部

事　務局）、沖縄県地域医療構想検討会議委員、沖縄回復期リハビリテーション病棟協会会長、日本リハビリテーション病院・施設協会理事、全国回復期リハビリテーション病棟協会監事、ユネスコ沖縄常任理事。

医師活動

医師（医学博士）、スポーツ健康医学認定医・統合医療学会認定医・産業医・日本精神神経医学会専門医指導医・日本旅行医学会認定医。

著書

（単著）

『痴呆《ちほう》の基礎知識』星和書店

（共著）

『こころの臨床―二一世紀の精神科医像』星和書店

『誘発電位の基礎知識と臨床』創造出版

『病院心理臨床』有斐閣

『医療ツーリズム』医薬ジャーナル社

その他に論文多数。

命《ぬち》どぅ宝《たから》のコミュニティーづくり

千の公民館に健康《ガンジュウ》長寿の花を咲かそう

二〇一六年八月一八日　初版第一刷

著　者　比嘉佑典
　　　　宮里好一

発行者　富田詢一

発行所　琉球新報社
〒九〇〇－八五二五
沖縄県那覇市天久九〇五番地

問合せ　琉球新報社読者事業局出版部
TEL（〇九八）八六五－五一〇〇

発　売　琉球プロジェクト

印　刷　新星出版株式会社

ISBN978-4-89742-211-4
定価はカバーに表示してあります。
万一、落丁・乱丁の場合はお取り替えいたします。